1 Einleitung

Seit einigen Jahren kann man beobachten, daß zunehmend mehr Menschen ihren gesicherten Arbeitsplatz oder sogar hohe berufliche Positionen in den Wind schreiben, um auf einsamen Inseln und abgelegenen Bauernhöfen, fernab der Zivilisation, zu leben. Andere wiederum stürzen sich in Tonnen die Niagara-Fälle hinab, überqueren im Einbaum den Ozean oder ziehen mit Karawanen quer durch die Wüste.

Wenn auch ein so totales „Aussteigen" aus der Gesellschaft für die Mehrheit der Menschen nicht in Frage kommt, so besteht doch bei vielen der Wunsch nach stärkerem Kontakt mit der Natur. Besonders deutlich wird dieser Trend zur Zeit in Amerika, wo sich jedes Wochenende Tausende von Menschen in die einsamen Wälder zurückziehen, um unabhängig von der Zivilisation zu leben und die Natur mit ihren Möglichkeiten wiederzuentdecken.
Von einem Tag zum andern allerdings ist noch kein hochzivilisierter Städter zum einsamen Trapper geworden. Zu stark ist die Abhängigkeit von Technik und Versorgung sowie die Entwöhnung von der Natur. Trotz dieser Abhängigkeit stellen sich viele den Abschied von Kühlschrank, Zentralheizung und Zahnbürste und das Leben in der Wildnis romantischer und leichter vor, als es ist. Bereits das Besteigen kleinerer Berge mit unzureichender Bekleidung und Ausrüstung – ein häufiger Fehler von unkundigen Touristen – kann schwerwiegende Folgen haben. Schneller als man denkt wird das kalkulierte Abenteuer in der Natur zum unkalkulierbaren Risiko.
Andererseits ist in der Natur zumeist nicht einmal der völlig hilflos, der außer den eigenen Kleidern am Leib nichts bei sich trägt. Es kommt nur darauf an, daß er die Möglichkeiten zum Überleben erkennt und sie zu nutzen versteht. Die Kunst des Überlebens in der Natur ist erlernbar. Wissen und Fertigkeiten lassen sich trainieren. Dennoch, wer vorhat, eine Survival-Tour durchzuführen, muß außer Wissen und Verzichtbereitschaft auch Flexibilität, Erfindungsgeist und Besonnenheit mitbringen, um vorhersehbare und unberechenbare Risiken zu bewältigen.
Die grundlegenden Techniken und Fertigkeiten wie Feuermachen, Orientierung im Gelände, Nahrungsbeschaffung und Wasserversorgung mit den Mitteln, die die Natur selbst bereitstellt, bilden die unerläßliche Basis für jede Survival-Situation. Aber auch die Eigenarten des Geländes, in dem wir uns auf-

halten, bestimmen unsere Möglichkeiten entscheidend mit. Subarktische, wüsten- oder dschungelähnliche Gebiete stellen uns vor andere Schwierigkeiten und Anforderungen wie die gemäßigten Breiten Mitteleuropas. Das Klima der verschiedenen Regionen bestimmt Vegetation, Tierbestand, Wasservorkommen und Wetter, und von diesen Faktoren hängt das Überleben in der Natur ab. Ebenso wichtig wie das Training von Techniken und Fertigkeiten ist daher die Aneignung von Wissen über das ausgewählte Gebiet einer geplanten Survival-Tour.

Wir haben in den vergangenen Jahren selbst mit Erwachsenen und Jugendlichen alternative Urlaubsprogramme erprobt und dabei festgestellt, daß ein starkes Bedürfnis nach grundlegenden Informationen über das Überleben in und mit der Natur besteht. Wir wollen deshalb mit dem vorliegenden Buch all denjenigen praktische Ratschläge geben, die für eine Survival-Tour die notwendigen Kenntnisse und Fertigkeiten erwerben wollen.

2 Ausrüstung

Die wohlüberlegte Auswahl der Survival-Ausrüstung kann lebenswichtig sein. Man sollte sich daher eingehend über das Angebot verschiedener Hersteller informieren und die Qualität prüfen. Für jeden Ausrüstungsgegenstand stellt man zu Hause einen Anforderungskatalog zusammen, den man beim Einkauf bereits im Kopf haben sollte. Nur so ist zu vermeiden, daß man im Ernstfall mit einem sogenannten „Survival-Messer" oder einem modischen „Trapper-Schlafsack" regelrecht in der Patsche sitzt.
Die obersten Gebote bei der Anschaffung der Ausrüstung müssen Sicherheit, Belastbarkeit und Vielseitigkeit sein. Im Zweifelsfall darf man dafür keine Kosten scheuen. Dennoch: Das Teuerste ist keinesfalls immer das Beste.
Der Umfang der Ausrüstung kann unterschiedlich sein. Generell läßt sich jedoch sagen: Je komfortabler die Ausrüstung, desto geringer das mit der Natur verbundene Erlebnis. Wir verzichten deshalb auf die Beschreibung von Ausrüstungsgegenständen, die für einen Campingurlaub notwendig sind und konzentrieren uns auf die Zusammenstellung der *Standard-Ausrüstung,* die für den Anfänger unerläßlich ist. Wer bereits mehrmals einige Tage im Gelände gelebt hat, wird feststellen, daß er auf einige dieser Gegenstände verzichten kann. Aber auch er sollte über eine minimale Ausrüstung verfügen. Die unbedingt notwendigen Gegenstände, auf die keinesfalls verzichtet werden sollte, haben wir deshalb in der Rubrik *Survival-Minimal-Ausrüstung* zusammengestellt. Das Zubehör von Standard- und Minimal-Ausrüstung haben wir auf der folgenden Seite im Vergleich aufgeführt.
Wer sich zum erstenmal auf eine Survival-Tour begibt, sollte sich ruhig eingestehen, daß er unerfahren ist, und nicht aus falsch verstandener „Zünftigkeit" die Minimal-Ausrüstung wählen. Man kann die Zahl der Entsagungen langsam steigern und den persönlichen Bedingungen und Fähigkeiten anpassen.

Standard- und Minimal-Ausrüstung

Die folgenden Ausrüstungsvorschläge beziehen sich jeweils auf einen bis zu sieben Tage dauernden Aufenthalt in der Natur und gelten für eine Person. Natürlich kann man die Standard-Ausrüstung nach individuellen Bedürfnissen modifizieren. Das endgültige Rucksackgewicht sollte aber keineswegs 15 Kilogramm übersteigen.

Standard-Ausrüstung	Minimal-Ausrüstung
Rucksack	
Schlafsack	**Schlafsack**
Zelt	**Dreieck-Zeltplane**
Kleidung	**Kleidung**
1 Jeans/Bundeswehrhose	wie nebenstehend
1 Wollhemd mit langem Arm	
1 T-Shirt	
1 Pullover	
1 Anorak/Parka mit Kapuze	
2 Paar Wollstrümpfe	
1 Paar Lederschuhe	
Geräte und Werkzeug	**Geräte und Werkzeug**
1 Eßgeschirr	1 Eßgeschirr
1 Feldflasche mit wasserdichtem Verschluß	1 Feldflasche mit wasserdichtem Verschluß
1 Lupe/Brennglas	1 Lupe/Brennglas
1 Päckchen Streichhölzer mit Wachs imprägniert	1 Päckchen Streichhölzer mit Wachs imprägniert
1 Fahrtenmesser	1 Fahrtenmesser
1 Klappspaten	1 Klappspaten
4 Nägel von 10 Zentimeter Länge	4 Nägel von 10 Zentimeter Länge
3 Meter reißfeste Schnur	3 Meter reißfeste Schnur
2 Angelhaken	
10 Meter Nylonschnur mit Reißfestigkeit von ca. 4 Kilogramm	10 Meter Nylonschnur mit Reißfestigkeit von ca. 4 Kilogramm
1 Beil	
2 Sicherheitsnadeln	2 Sicherheitsnadeln
1 Marschkompaß	1 Marschkompaß
1 Topografische Karte des zu durchwandernden Gebietes im Maßstab 1:50000	1 Topografische Karte des zu durchwandernden Gebietes im Maßstab von 1:50000
1 Metallschlinge	
1 Taschentuch	
1 Dosenbarometer	1 Dosenbarometer
Material für Erste Hilfe (siehe Seite 97)	
Nahrungsmittel	
1 Pfund Mehl	
100 Gramm Salz	
1 Flasche Olivenöl	

Die Ausrüstungsgegenstände

Der Rucksack

Rucksäcke gibt es in den unterschiedlichsten Formen und Größen. Wir empfehlen einen mittelgroßen *Traggestell-Rucksack* mit *Stützbändern* zum Schutz des Rückens.

Das *Traggestell* sollte aus geschweißten Aluminium-Rohren bestehen. Genietete oder gelötete Rohre sind wesentlich empfindlicher. Die auf dem Markt befindlichen Magnesiumgestelle sind zwar etwas leichter als die Aluminiumrahmen, bieten dafür aber weniger Stabilität.

Die *Tragriemen* sollten verstellbar und möglichst breit sein. Besser als Leder eignet sich ein schaumstoffgefüllter Träger aus Kunstfaser, da er bei längerem Tragen nicht einschneidet. Ein zusätzlich zu befestigender *Hüftgurt* von mindestens zehn Zentimeter Breite ermöglicht die Verlagerung eines Teils der Traglast auf die Hüfte.

Der *Gepäcksack,* möglichst abnehmbar vom Gestell mit mehreren Befestigungspunkten, sollte auf Reißfestigkeit und Wasserdichte geprüft sein. Mehrere *Außentaschen* sind besonders bei vollgepackten Rucksäcken eine angenehme Einrichtung. Ein guter Rucksack mit Traggestell kostet zwischen 250,– und 500,– Mark.

Der Schlafsack

Am besten geeignet sind *Armee-Schlafsäcke* beziehungsweise Schlafsäcke mit eingenähter Aluminiumfolie. Bei der Verwendung eines einfachen Schlafsackes sollte man immer eine *Isoliermatte* aus Aluminiumfolie mitführen, die bei Bedarf unter den Schlafsack gelegt werden kann.

Bei der Wahl eines Schlafsackes sollte man sich so gut es geht der idealen Kombination von Isolierung und Verdunstungsmöglichkeit annähern. Ein völlig wasserdichter Schlafsack ist keinesfalls die beste Lösung. Selbst wenn wir nicht schwitzen, geben wir doch Feuchtigkeit an die Umwelt ab, die ein absolut dichtes Material nicht verdunsten läßt.

Der *Reißverschluß* sollte rundum geführt sein, da so die Möglichkeit der Temperaturregulierung besteht sowie die Verwendung als Decke oder Kleidungsstück. Auf eine *Kapuze* mit Schnurverschluß sollte man ebenfalls Wert legen.

Das Zelt

Von der Vielfalt der in Geschäften angebotenen Zelte darf man sich nicht irritieren lassen. Für das Leben in der Natur ist am besten ein einfaches *Wanderzelt* in den Maßen 110 × 200 Zentimeter geeignet. Das Zelt bietet Platz für zwei Erwachsene und deren Gepäck. Es wiegt zwischen 1800 und 2000 Gramm und läßt sich gut auf dem Rucksack verstauen. Das Zeltmaterial muß luftdurchlässig sein, damit Kondenswasserbildung verhindert wird. Reine Kunstfaserzelte sind

deshalb abzulehnen. Eine gute Lösung sind Zelte aus Baumwoll-Polyester-Mischungen und Rutarmé-Gewebe.
Anstelle eines einfachen Wanderzeltes ist auch eine *Dreieck-Zeltplane* gut geeignet. Mehrere Dreieck-Zeltplanen (pro Person mindestens eine) lassen sich bei Gruppenaktivitäten zu größeren Zelteinheiten verbinden. Darüber hinaus läßt sich eine Zeltplane auch gut als Poncho bei schlechten Witterungsverhältnissen benutzen. Die Plane bietet gleich mehrere Vorteile gegenüber dem Zelt. Sie beansprucht wesentlich weniger Platz, ist leichter, vielseitiger und flexibel zu verwenden.

Die Kleidung

Am besten verwendet man für eine Survival-Tour kein Kleidungsstück, das man nicht schon eingetragen hat. Dies gilt besonders für das Schuhwerk. Das soll nicht heißen, daß man nun ausgerechnet die Clarks mit dem abenteuerlichen Camel-Loch von der Bühne holt. Wichtig ist, daß die Schuhe eingelaufen sind, so daß bei längerem Laufen nicht an Nahtstellen Blasen entstehen können. Auch sollten sie nicht zu eng sitzen, da der Fuß bei langem Wandern anschwillt. Um dem Fuß guten Halt zu geben, sollten sie bis über den Knöchel reichen; um ihn nicht unnötig zu belasten, sollten sie möglichst leicht sein. Auch beim Schuhwerk gilt es wieder, einen Mittelweg zwischen wasserundurchlässigem und atmungsaktivem Material zu finden. Wir empfehlen *Lederschuhe mit dicker Stollenprofilsohle* aus Kunststoff.
Ebenso wie die Schuhe sollten auch *Hosen* und *Strümpfe* eingewandert sein. Wir empfehlen, Wollstrümpfe einen Tag vor Beginn der Tour zu tragen. Frisch gewaschene Strümpfe reiben oft und verursachen Blasen und Druckstellen. Dies gilt übrigens auch für rutschende Strümpfe.
Auch *Jeanshosen* sollten nicht neu und nicht zu eng getragen werden. Für eine Survival-Tour eignen sich ebenso *Bundeswehr-Arbeitshosen.* Sie sind jedoch etwas schwerer als Jeans und trocknen nicht so schnell.
Was *Reißverschlüsse* an Kleidungsstücken betrifft, so gilt allgemein: man meide sie da, wo Knöpfe den gleichen Dienst tun. Denn Knöpfe lassen sich ersetzen oder notdürftig befestigen, außerdem gehen meist nicht alle Knöpfe ab, sondern nur einer. Ist aber ein Reißverschluß einmal defekt, gibt es kaum Ersatz.

Das Rucksackpacken

Das Gewicht des Rucksacks sollte bei einer mehrtägigen Tour auf keinen Fall 13–15 Kilogramm überschreiten. Beim Packen darauf achten, daß die schwersten Teile der Last dicht am Körper und möglichst weit oben liegen. Ebenso sollten die Dinge, die sehr häufig gebraucht werden, oben oder in den Außentaschen verstaut werden. Der Rucksack sollte nach dem Packen mehr die Form eines Brettes als die einer Kugel haben. Kugel-Rucksäcke verlagern den Körperschwerpunkt zu weit nach hinten und lassen sich deshalb schwer tragen. Schlafsack und Zelt werden nicht im Rucksack, sondern darunter oder darüber befestigt.

2.1 Vorschriftsmäßig gepackter Traggestell-Rucksack mit darunter befestigtem Schlafsack

3 Planung

Eine wohlüberlegte Planung kann einem manche unangenehme Situation ersparen. Dies gilt in besonderem Maße für Survival-Aktionen. Auf Entbehrungen und Unvermeidbares kann und muß man ebenso vorbereitet sein wie auf Risiken und unliebsame Überraschungen. In Form einer Checkliste haben wir die wichtigsten Punkte zusammengestellt, mit denen man sich bereits einige Zeit vor Beginn der Tour beschäftigen sollte.

1. Die Ausrüstung zusammenstellen und erproben.

Dazu gehört unter anderem:
- fehlendes Zubehör einkaufen,
- Schuhe imprägnieren, einlaufen,
- Rucksack, Schlafsack, Zelt auf Zustand prüfen, instand setzen,
- Geräte und Werkzeug warten (Beil schärfen, Streichhölzer imprägnieren usw.),
- Erste-Hilfe-Material mit einem Arzt zusammenstellen.

2. Wissen über Überlebenstechniken aneignen oder aktivieren.

Dies geschieht durch Lesen aber auch durch praktisches Üben von:
- Notsignalen,
- Erster Hilfe,
- Lagerbau,
- Wassergewinnung,
- Ernährung aus der Natur,
- Feuermachen,
- Orientierung im Gelände,
- Wetterbeobachtung.

3. Informationen über das zu durchwandernde Gebiet einholen.

Dabei ergeben sich folgende Schwerpunkte:
- Karte besorgen und Route ausarbeiten,
- eßbare Pflanzen der Region kennenlernen,
- Tiere, die einem in dem Gebiet begegnen können (darunter fällt alles von der Schlange bis zum Mückenschwarm), einprägen,
- Deklination in Erfahrung bringen,
- gesetzliche Bestimmungen des entsprechenden Landes über das Verhalten im Wald erfragen,
- klimatische Bedingungen der Region ermitteln.

4. Die persönliche Konstitution abklären und verbessern.

Dies umfaßt besonders:
- ärztliche Untersuchungen über körperliche Verfassung,
- eventuelle Impfungen,
- eventueller Tropentauglichkeitstest,
- eventueller Allergietest,
- Klarwerden über psychische Situation (eine depressive Phase ist nicht gerade die günstigste Aus-

gangsposition für die physischen und psychischen Belastungen einer Survival-Tour),
- Sportliches Training (z. B. Waldlauf).

Wir empfehlen, vor Antritt einer längeren Aktion die in den einzelnen Kapiteln angeführten Techniken und Ausrüstungsgegenstände in Tagestouren zu erproben. Besonderen Wert sollte dabei auf das sichere Beherrschen der Orientierungsmöglichkeiten in unbekannten Gebieten, die Kunst des Feuermachens sowie auf Kenntnisse zur gefahrlosen Verwertung von Wasser und Nahrungsmitteln aus der Natur gelegt werden.
Kurz vor dem Abmarsch sollte man noch zweierlei bedenken. Bevor man sich endgültig für die Tour entscheidet, erfragt man beim zuständigen Wetteramt die *Wetterverhältnisse* in dem entsprechenden Wandergebiet. Ist danach die Entscheidung für den Abmarsch gefallen, hinterläßt man bei zwei verschiedenen Stellen *Informationen über das Wandergebiet, die Route* und den *geplanten Rückkehrtermin.* Damit ist abgesichert, daß im Notfall eine Suchaktion eingeleitet werden kann.

4 Orientierung im Gelände

Von verschiedenen Tieren (Tauben, Hunden) weiß man, daß sie in unbekanntem Gelände über Hunderte von Kilometern nach Hause zurückfinden können. Die Menschen verfügen über einen solchen Orientierungssinn nicht. Dies bestätigen auch Untersuchungen, die amerikanische Universitäten vornahmen, um den menschlichen Orientierungssinn zu testen. Wie schnell man jegliche Orientierung verlieren kann, zeigt folgendes Beispiel. „Für (einen) Test hatte man nur solche Personen gewählt, die von sich behaupteten, sie könnten auch mit verbundenen Augen stets die gleiche Richtung einhalten. Es waren Jagdführer, Waldläufer, Landmesser, Seeleute und Flieger. Man brachte sie in völlig flaches Gelände, wo es keinen Weg gab und wohin auch keine Geräusche drangen, die eine Straße, ein Haus oder sonstwas verrieten. Der Himmel war bei jedem Test bewölkt, und es herrschte Windstille. Ungefähr fünf Kilometer vom Ausgangspunkt entfernt, hatte man zuvor zwischen zwei Pfähle eine farbige Leinwand gespannt. Dies war das Ziel, dorthin sollten die zwölf Männer gehen, jeder für sich und jeder mit verbundenen Augen. Sie hatten vorher genug Zeit, das Gelände und das Ziel zu betrachten und konnten sich auch die Richtung dorthin deutlich einprägen. Erst dann wurde ihnen eine schwarze Haube übers Gesicht gezogen. Keine der Versuchspersonen gelangte zur Leinwand, keine kam auch nur in deren Nähe. Alle wanderten im Kreis. Die meisten wandten sich dabei nach rechts. ... So oft man diesen Versuch auch wiederholte, es blieb bei demselben Ergebnis“ (Meissner 1967).

Aus diesem Versuch können wir sehen, daß es Menschen nicht möglich ist, sich in unbekanntem Gelände ohne Hilfsmittel zurechtzufinden. Für jeden, der sich mehrere Tage in einem unbekannten Gebiet aufhalten will, ist es deshalb unerläßlich, die wichtigsten Techniken zur Orientierung zu kennen. Insbesondere sollte er in der Lage sein:

- die Himmelsrichtungen festzustellen,
- den eigenen Standort festzulegen und den Zielort zu bestimmen,
- die Uhrzeit zu ermitteln,
- den Zielort zu erreichen.

Natürliche Hilfsmittel der Orientierung

Natürliche Hilfsmittel können nur grobe Anhaltspunkte für das Bestimmen der Himmelsrichtung geben. Die Angaben sind niemals so exakt wie bei der Bestimmung mit

Karte und Kompaß. Aus diesem Grunde sollte man sich nicht nur auf ein Hilfsmittel verlassen, sondern immer mehrere Hilfsmittel zur Bestimmung der Himmelsrichtung verwenden.

Die Haupthimmelsrichtungen:

– Norden	(N)
– Nordosten	(NO)
– Osten	(O)
– Südosten	(SO)
– Süden	(S)
– Südwesten	(SW)
– Westen	(W)
– Nordwesten	(NW)

und ihre Anordnung als Windrose:

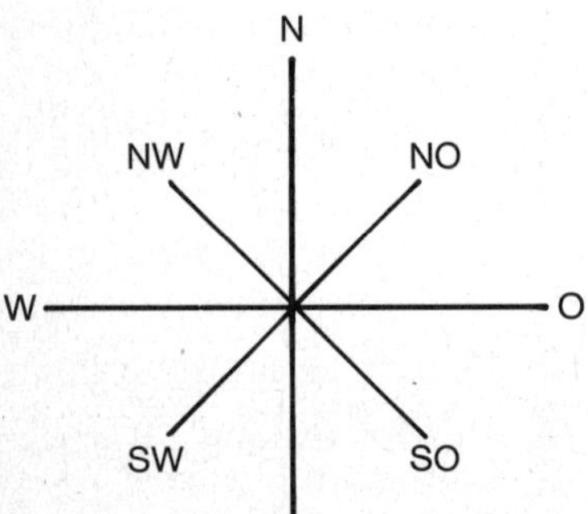

4.1

Orientierung nach der Sonne

Relativ verläßlich bei der Bestimmung der Himmelsrichtungen ist die Sonne. Ihr Stand verändert sich im Jahreslauf nur geringfügig.

Sie steht fast das ganze Jahr über

- Zwischen 6.00 Uhr und 6.30 Uhr im Osten,
- Zwischen 12.00 Uhr und 12.30 Uhr im Süden,
- Zwischen 18.00 Uhr und 18.30 Uhr im Westen.

Die Auf- und Untergangspunkte der Sonne sind jedoch nur zu den Tag- und Nachtgleichen (Frühlings- und Herbstanfang) genau im Osten und Westen.

Da die Sonne von Sonnenaufgang bis Sonnenuntergang etwa 12 Stunden benötigt und in dieser Zeit einen Halbkreis am Horizont beschreibt, kommt man auch mit Hilfe der Uhr, deren Stundenzeiger im gleichen Zeitraum einen Kreis beschreibt, zu relativ genauen Richtungsbestimmungen.

Dabei wird folgendermaßen vorgegangen:

Man hält die Uhr waagerecht so vor den Körper, daß der kleine Zeiger genau in Richtung Sonne zeigt. Der Südpunkt liegt genau in der Mitte zwischen dem kleinen Zeiger und der Zwölf. Dabei ist vormittags im Uhrzeigersinn und nachmittags gegen den Uhrzeigersinn zu halbieren. Die anderen Himmelsrichtungen lassen sich dann leicht bestimmen.

4.2 vormittags nachmittags

Orientierung mit Hilfe von Bäumen und Sträuchern

4.3 Moosansatz und längere Äste auf der rechten Baumseite zeigen die Wetterseite (NW) an

4.4 Die Jahresringe liegen auf der rechten Baumseite enger beieinander (NW) als auf der linken

Bei bedecktem Himmel können Bäume, Sträucher und Gräser zur Feststellung der Himmelsrichtungen herangezogen werden. Alleinstehende Bäume zeigen im allgemeinen zur Wetterseite (NW) Moosansatz am Stamm. Die Stämme neigen sich zu der dem Wind abgewandten Seite. Äste sind auf der Wetterseite kürzer als auf der entgegengesetzten Seite. Im Winter ist an der Wetterseite der Bäume oft Schnee angeweht.
Werden freistehende Bäume gefällt, so stellt man fest, daß die Jahresringe an der Wetterseite enger beieinander liegen, als an der dem Wind abgekehrten Seite.
Ähnlich wie die Bäume verhalten sich auch freistehende Sträucher und Grasbüschel. Auch sie sind von den Nordwest-Winden gekennzeichnet und zeigen nach NW hin kürzere, struppigere Grashalme und auf der gegenüberliegenden Seite längere, meist liegende Gräser.

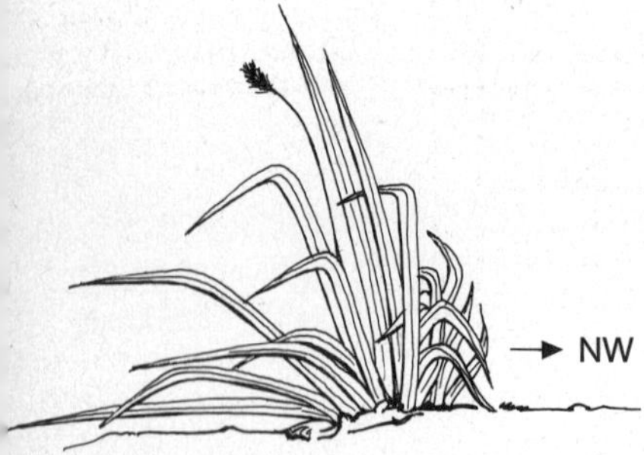

4.5 Auf der rechten Seite kurze und auf der linken Seite längere, liegende Gräser zeigen die Wetterseite an

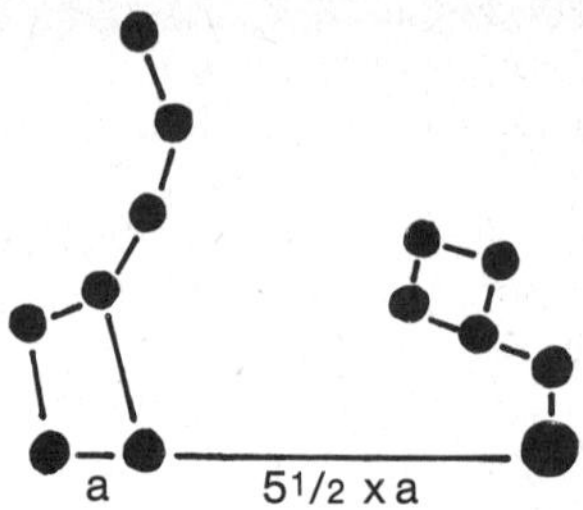

4.6 Links der Große Wagen, rechts der Kleine Wagen, beginnend mit dem Polarstern

Orientierung mit Hilfe von Mond und Sternen

Der Vollmond zeigt nachts den gleichen Verlauf wie tagsüber die Sonne. Die Himmelsrichtungen lassen sich deshalb nachts mit der Uhr in gleicher Weise feststellen. Bei anderen Mondphasen läßt sich jedoch dieses System nicht anwenden.
Eine andere Möglichkeit der Orientierung bei Nacht bietet der Polarstern. Dieser steht fast genau im Norden. Man findet ihn, indem man die Hinterachse des Sternbildes *Großer Wagen* etwa um fünfeinhalb Mal verlängert. Am Ende dieser Strecke liegt der Nordstern, der gleichzeitig vorderster Stern des Sternbildes *Kleiner Wagen* ist.

Mit Karte und Kompaß in unbekanntem Gelände

Wer sich in unbekanntem Gelände zurechtfinden will, benutzt im allgemeinen Karte und Kompaß, um Himmelsrichtung, geeignete Route und Zielort einwandfrei bestimmen zu können.

Die Karte

Auf der Karte ist die Landschaft in verkleinerter Form exakt wiedergegeben. Die Verkleinerung kann unterschiedlich sein. Sie ist am Rande der Karte in Form einer Verhältniszahl, dem *Maßstab,* angegeben. Für unsere Vorhaben eignen sich am besten Karten mit einem Maßstab von 1:50000. Dies bedeutet, daß ein Zentimeter Eintrag auf der Karte einer Strecke von 500 Meter in der Natur entspricht. In dieser Größenordnung lassen sich einerseits auf der Karte noch kleinste Wege, Erhebungen und Quellen gut kenntlich machen, andererseits ist der Maßstab so groß, daß auch bei mehrtägigen Wanderungen eine, maximal zwei Karten ausreichen.

Auf jeder Karte ist die Landschaft so eingetragen, daß am oberen Rand der Karte die nördlichen Bereiche der Landschaft abgebildet sind. Das heißt: die Karte ist *genordet.* Die Zeichen werden in der *Legende* erklärt, die sich am Kartenrand befindet.

Auf allen Karten sind die folgenden Zeichen einheitlich: Neigungen der Erdoberfläche (Hügel, Berge, Täler) werden durch Tönung und Höhenkurven hervorgehoben. Höhenkurven sind Linien, die alle Gelän-

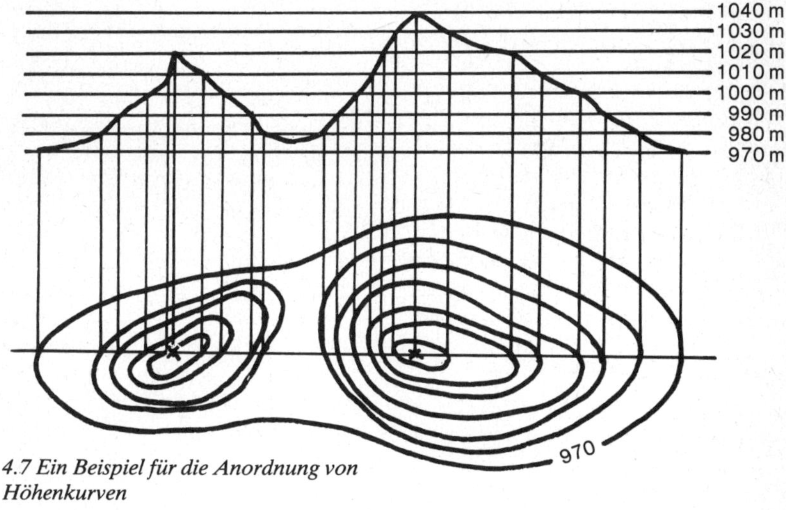

4.7 Ein Beispiel für die Anordnung von Höhenkurven

depunkte der gleichen Höhe miteinander verbinden. Je näher die Höhenlinien beieinander liegen, desto steiler ist das Gelände. Mit arabischen Ziffern werden die einzelnen Höhenpunkte angegeben. Die unteren Linien dieser Ziffern zeigen dabei immer talwärts.

Grüne Flächen zeigen Wiesen und Felder an. Grüne Flächen mit stilisierten Bäumen machen geschlossene Wälder kenntlich. Gewässer werden immer blau eingezeichnet. Bei Flüssen wird oft durch einen zusätzlich angebrachten Pfeil auf die Flußrichtung hingewiesen. Flüsse von mehr als drei Meter Breite werden auf Karten im Maßstab 1:50000 durch blaue Doppellinien angezeigt. Hauptverkehrsstraßen und Autobahnen sind rot gezeichnet, einfache Straßen schwarz, Fußwege werden durch gestrichelte schwarze Linien kenntlich gemacht. Alleinstehende Häuser und Hütten sind im Grundriß eingezeichnet.

Auf den meisten Karten ist ein regelmäßiges Netz von senkrechten und waagrechten Linien über das Blatt gezogen, das sogenannte Koordinatennetz. Mit Hilfe dieses Netzes kann man bestimmte Punkte auf der Karte leichter auffinden und genauer bezeichnen. Einen Kartenausschnitt zeigt die Abbildung auf Seite 24.

Der Kompaß

„Die Arbeitsweise des ... Kompaß beruht auf der vom Erdmagnetismus ausgehenden, auf einen Magneten ausgeübte Richtkraft, die die Magnetnadel überall auf der Erde in den magnetischen Meridian einstellt" (DTV Lexikon 1967). Da die Magnet-Pole nicht mit den geographischen Polen übereinstimmen, zeigen Kompasse eine örtlich verschiedene Abweichung von der Nord-Süd-Richtung, die man Mißweisung oder *Deklination* nennt und die auf jedem Kompaß besonders gekennzeichnet ist. Die Abweichungen sind in Mitteleuropa nicht sehr groß und liegen in

Wien	bei 1°,
München, Berlin	bei 2°,
Stuttgart, Hannover	bei 3°,
Bern, Köln	bei 4°.

Die einfachste Ausführung eines Kompasses besteht aus

- einem *Kompaßgehäuse* mit einer leicht drehbar eingelagerten magnetischen *Stahlnadel,* deren Nordseite durch rote, blaue oder Leuchtfarbe besonders gekennzeichnet ist und
- einer ebenfalls in das Gehäuse eingelagerten *Windrose,* die im Uhrzeigersinn entweder in 360 Grad (je fünf Grad durch einen Strich markiert) oder in 6400 Striche eingeteilt ist. Die bei manchen Kompassen vorhandene Einteilung in Neugrad oder Artilleriepromille sind für unser Vorhaben ohne Bedeutung. Die folgende Tabelle führt die Werte unterschiedlicher Einteilungen auf.

Himmelsrichtung	Kompaßmarschzahl	360 Grad	6400 Strich
Nord	0	0	0
Ost	15	90	1600
Süd	30	180	3200
West	45	270	4800

Bereits mit einem einfach ausgestatteten Kompaß ist es möglich, jederzeit die Himmelsrichtung zu bestimmen und die Karte in Übereinstimmung mit dem Gelände zu bringen. Für ein Orientieren in unbekanntem Gelände empfehlen wir jedoch den sogenannten *Marschkompaß,* der mindestens über folgende Einrichtungen verfügen sollte:

- eine in Flüssigkeit gelagerte Magnetnadel,
- eine Windrose mit Grad- oder Stricheinteilung (und Deklinationsmarke),
- ein Visier zum Anpeilen von Geländepunkten,
- eine Anlegekante, die parallel zum Visier verläuft,
- eine im Gehäuse befestigte Mar-

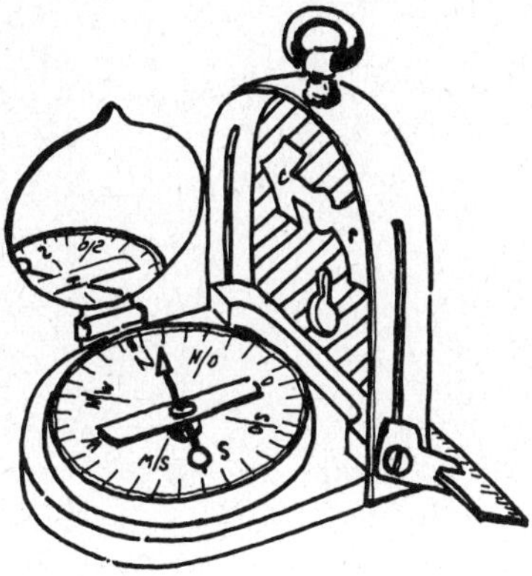

4.8 Marschkompaß

Folgende Doppelseite:
Links: Aus dem Kartenausschnitt im Maßstab 1 : 50 000 können wir die Beschaffenheit des Geländes durch Höhenkurven, Tönung und Symbole rekonstruieren.
Rechts oben: So wenig braucht man zum Überleben! Dies sind die Bestandteile der Minimal-Ausrüstung, wie sie auf Seite 10 beschrieben ist.
Rechts unten: Zum Einordnen legen wir die Karte auf den Boden. Die Nordmarke des Kompaß' drehen wir so lange, bis sie in Übereinstimmung mit dem Index ist und legen ihn dann an der Seitenbegrenzung der Karte an. Der Richtungspfeil muß dabei nach oben weisen. Dann drehen wir Karte und Kompaß so lange, bis die Magnetnadel die Deklinationsmarke berührt. Nun stimmt die Karte exakt mit dem Gelände überein.

Neuhau
Wasserwerk
Maien
wald
Finster
tobel
Eichberg
Gunzentobel
Hohenraintobel
Glems
Rangenbergle
Hof
Franzosen
Plätze
Gutenberg
Hännersteigle
Hännersteigfels
Speicherbecken
Wanderheim
Auchtert
Grasberg
Höllenloch-
fels
Wolfsfelsen
Renkenberg
Gr. Fels
Schluchtweg
St. Johann
Gestütshof
Schillerhöhe
Geißberg
Buch-
häule
Steingebühl
Schafhaus
Eninger Weide
Wanderheim
Eningen
unter Achalm
Drackenberg
Steigberg
Albgut
Lindenhof
Kirchlesberg
Hakenbühl
Talgut Lindenhof
Harret
Gerstenbergfelsen
Steig-
hau
Jungvieh-
weide
Mädlesfels
Segelfluggelände
Urselhochberg
NSG
Göllesberg
Kohlwald
Jung-
holz

kierung (Index) zum Ablesen des Richtungswinkels,
- eine drehbare Magnetnadeldose,
- einen Spiegel, mit dessen Hilfe man gleichzeitig die Magnetnadel beobachten und Geländepunkte anpeilen kann.

Orientieren und Wandern mit der Karte

Wenn wir uns im Gelände mit Hilfe von Karte und Kompaß zurechtfinden wollen, müssen wir in der Lage sein
- die Karte einzuordnen,
- den eigenen Standort herauszufinden,
- in unwegsamem Gelände mit Hilfe der Kompaßmarschzahl die Richtung zu halten.

In einer bekannten Landschaft ist es relativ einfach, die Karte richtungsgleich mit der Landschaft zu bringen (einzuordnen). Wir stellen zunächst markante und bekannte Formen im Gelände fest (Flüsse, Straßen, Berge, Seen) und legen die Karte entsprechend dem Verlauf dieser Geländeformen aus. Da in bekannten Landschaften auch der Standort bekannt ist, können wir uns von diesem Punkt aus leicht weiter orientieren.

Befinden wir uns aber in unbekanntem Gelände, müssen wir uns auf andere Art zurechtfinden.

Wir legen die Karte ausgebreitet auf die Erde. Nehmen den Kompaß und drehen die Nordmarke so lange, bis sie in Übereinstimmung mit dem Index ist. Legen dann den Kompaß an der Seitenbegrenzung der Karte so an, daß der Richtungspfeil nach oben weist und drehen die Karte mit dem Kompaß so lange, bis die Magnetnadel die Deklinationsmarke berührt. Nun stimmt die Karte exakt mit dem Gelände überein und kann zur Orientierung benutzt werden (siehe Foto S. 25). Beim Wandern sollten wir dann immer den Weg, den wir gehen, auf der Karte verfolgen, so daß wir jederzeit über den momentanen Standort informiert sind.

Bei Wanderungen durch unwegsames Gelände oder im Wald, wo die Orientierung mit der Karte durch dichtes Strauchwerk erschwert, wenn nicht gar unmöglich ist, wird das *Wandern nach der Kompaßzahl* empfohlen. Dabei müssen wir folgendermaßen vorgehen:
- Wir haben die Karte eingenordet und ziehen mit einem Bleistift (oder Bindfaden) von unserem Standort zum Zielort einen Strich.
- Nun legen wir den Kompaß mit seiner Zielkante so an den Bleistiftstrich an, daß die Vorderkante am Standort endet.
- Danach drehen wir, ohne die Lage des Kompasses auf der Karte zu verändern, die Kompaßdose so weit, bis die Windrose mit dem Koordinatennetz übereinstimmt. Die Kompaßnadel muß dann (bei eingenordeter Karte) wieder auf die Deklinationsmarke zeigen. Die auf dem Index feststellbare Zahl ist die Marschzahl.

- Wir nehmen nun den Kompaß, ohne die Marschzahl zu verändern, klappen den Kompaßspiegel auf und drehen uns so lange, bis sich die Nadel wieder auf der Deklinationsmarke einpendelt. Durch das Visier peilen wir einen weit entfernt liegenden, markanten Punkt an (Baum, Hügel, Kirche usw.), achten jedoch über den ausgeklappten Spiegel darauf, daß sich während des Anpeilens die Position der Kompaßnadel nicht verändert.

Der angepeilte Punkt liegt genau in der Richtung unseres Ziels. Wir gehen jetzt auf diesen Punkt zu und peilen von dort – mit der gleichen Marschzahl – den nächsten Punkt an. Dieser Vorgang wiederholt sich so lange, bis wir das Ziel erreicht haben.

Feststellen des eigenen Standortes

Nicht immer ist der eigene Standort bekannt. Gerade bei Wanderungen durch unbekanntes Gelände kann die Orientierung leicht verlorengehen. In solchen Fällen bleibt nichts anderes übrig, als zunächst den eigenen Standort auf der Karte zu ermitteln. Zuerst wählen wir einen Standort im Gelände, von dem aus wir einen weiten Umkreis übersehen können, und norden mit Hilfe des Kompasses die Karte ein.

Danach suchen wir zwei Punkte im Gelände (Gebäude, Berge, Wege, Gabelungen usw.), die wir auf der Karte leicht identifizieren können und vom Standort aus möglichst in einem rechten Winkel liegen (eine exakte Standortbestimmung wird nur möglich, wenn der Winkel genau 90° beträgt).

4.9 Bestimmen des Standortes mit Karte und Kompaß

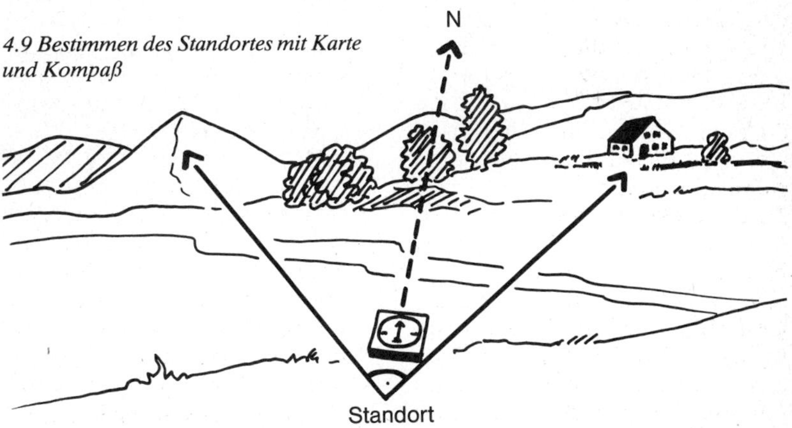

Nun messen wir mit dem Kompaß den Winkel zwischen der Nordrichtung der Landschaft und der Richtung zum sichtbaren Ziel in der Landschaft. Die gefundene Richtungslinie tragen wir mit einem Stift auf der Karte ein. In gleicher Weise verfahren wir mit dem zweiten Geländepunkt. Die Schnittpunkte beider Linien kennzeichnen unseren Standort. Sobald wir den eigenen Standort auf der Karte kennen, ist eine weitere Orientierung leicht möglich.

5 Hindernisse im Gelände

Umgehen von Hindernissen

Bei Wanderungen in unbekanntem Gelände kommt es manchmal vor, daß wir plötzlich vor einem Hindernis stehen, das wir nicht auf geradem Weg überlaufen können (Felswand, Sumpf, Dickicht o. ä.). Wir sind dann gezwungen, zeitweilig von der eingeschlagenen Richtung abzuweichen.

Wir nehmen einmal an, daß die Kompaßmarschzahl für die eingeschlagene Richtung bekannt ist und 100° beträgt. Wenn die Marschzahl nicht bekannt ist, muß sie auf die beschriebene Art ermittelt werden. Wir drehen nun die Kompaßdose, die auf 100° eingestellt ist, um 90° auf 10° zurück (Punkt A) und gehen in einem rechten Winkel auf Punkt B zu. Dabei schätzen wir die zurückgelegte Strecke durch Zählen der Schritte.

Bei Punkt B angekommen, stellen wir die Kompaßdose wieder auf 100° ein und gehen so parallel zur ursprünglichen Marschrichtung. Sobald das Hindernis umgangen ist (Punkt C), kehren wir zur Hauptrichtung zurück, indem wir zur Marschzahl 100° noch 90° hinzu-

5.1

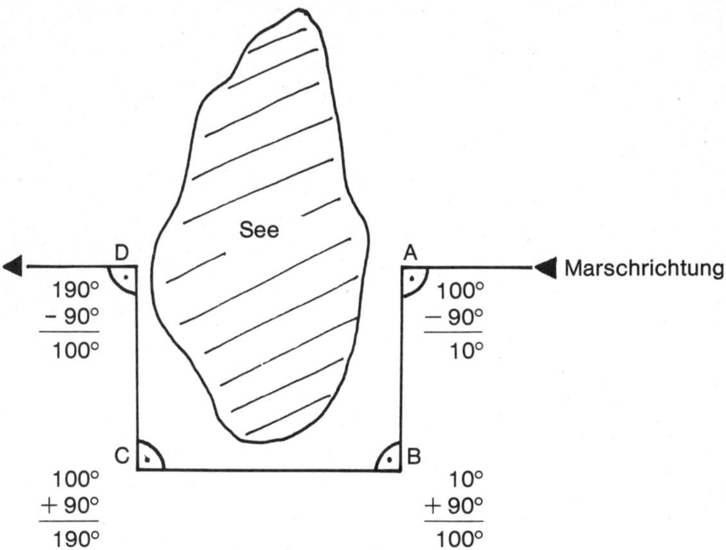

zählen und die neue Marschzahl 190° auf dem Kompaß einstellen. Wir gehen nun in der neuen Marschrichtung die gleiche Anzahl von Schritten zurück, die wir vorher von A nach B gegangen sind und erreichen Punkt D. Dort stellen wir wieder die Marschzahl 100° ein und laufen nach dieser Marschzahl dem Ziel entgegen.

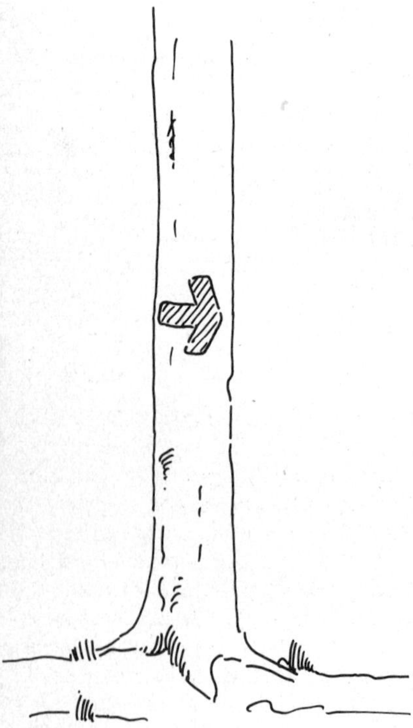

5.2 Mit Kerben an Bäumen können wir unseren Weg markieren

Durchqueren eines Waldes

Läßt sich das Durchqueren eines dichten Waldes nicht vermeiden, müssen wir aufpassen, daß wir uns nicht im Kreis bewegen und die Orientierung verlieren. Um dies zu vermeiden, und uns in jedem Fall die Rückkehr zum Ausgangspunkt zu sichern, markieren wir unseren Weg. Wir bringen in regelmäßigen Abständen und an geeigneten Plätzen Kerben an Bäumen an. Wir müssen darauf achten, daß die Zeichen deutlich sind und auch aus größerer Entfernung auffallen. Sobald wir den Weg wieder zurückgehen, bringen wir erneut Zeichen an – allerdings wählen wir eine Art der Markierung, die sich von der ersten unterscheidet.

Überwinden von Flüssen und Seen

Es gibt viele Möglichkeiten, über einen Fluß oder See zu kommen. Die für uns alltägliche Art ist das Überqueren von Flüssen mit Hilfe von Brücken, Fähren oder Schiffen. In unbekannten Gebieten kann es jedoch vorkommen, daß wir plötzlich vor einem See oder Fluß stehen, den wir überqueren wollen, und weit und breit keine Brücke und auch kein Boot zu sehen ist.
Kleinere Bergbäche durchwaten wir. Um Verletzungen durch spitze Steine zu vermeiden, lassen wir die Wanderstiefel an den Füßen (Socken vorher ausziehen). Beim

5.3 Beim Durchwaten von Flüssen sichern wir uns mit einem Tau ab

Durchwaten schauen wir mit dem Gesicht immer dem Wasserfluß entgegen. Ist die Strömung zu stark, sichern wir uns mit einem Tau.

Wenn der zu überquerende Fluß nicht breit ist, können wir auch einfach zwei Baumstämme über den Fluß legen und dann darüber hinwegmarschieren.

Flüsse und Seen lassen sich auch durchschwimmen, wenn die Strömung nicht zu stark ist. Haben wir Gepäck dabei, dann packen wir dieses einschließlich Rucksack und Kleidung schön gleichmäßig verteilt in eine Zeltbahn und binden diese oben an den Enden zusammen. Das so entstandene Bündel setzen wir nun ins Wasser und treiben es vor uns über den See oder den Fluß. Da eine Zeltbahn längere Zeit wasserundurchlässig bleibt, kommen unsere Ausrüstungsgegenstände wohlbehalten und trocken am anderen Ufer an.

Steht keine Zeltbahn zur Verfügung, dann lassen wir das Gepäck auf dem Rücken und nehmen als

5.4 Überqueren eines Flusses auf zwei Baumstämmen. Um das Gleichgewicht zu halten, stützen wir uns mit einer langen Stange

Schwimmhilfe einen Baumstamm mit ins Wasser, den wir vor uns hertreiben.

Eine etwas komfortablere Möglichkeit, ein Wasser zu durchqueren, bietet sich mit einem Floß an. Wir benötigen dazu mehrere Baumstämme in einer Länge von zwei bis drei Meter, die nebeneinandergelegt zirka einen Meter Floßbreite ergeben. Die einzelnen Stämme verbinden wir mit einer Schnur oder durch quergenagelte Hölzer. Ein Floß in dieser Größe kann maximal zwei Personen mit je 15 Kilogramm Ausrüstung sicher über das Wasser befördern. Wir steuern und bewegen das Floß mit Hilfe von langen Holzstangen.

Überbrücken von Felsspalten

Felsspalten und kleine Schluchten können wir mit Leitern, die wir über die Spalten legen, überwinden. Zum Herstellen der Leitern benötigen wir zwei bis drei Meter lange Baumstämme mit einem Durchmesser von 20 Zentimeter. Die Baumstämme legen wir zunächst nebeneinan-

5.5 Bauprinzip für ein Floß. In die ausgekerbten Stellen der Baumstämme nageln wir Querstreben

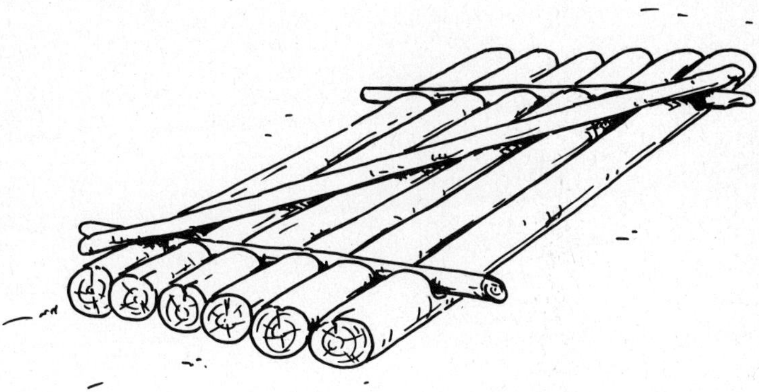

5.6 Fertiges Floß

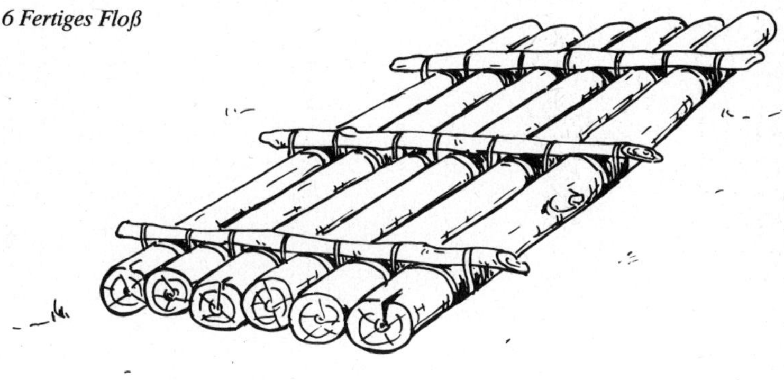

5.7 Stehen uns keine Nägel zur Verfügung, können wir Baumstämme und Querstreben auch mit Schnur, Stoffstreifen oder Zweigen zusammenbinden

der auf die Erde und bringen mit der Axt in jeden Stamm alle 50 Zentimeter eine Kerbe an. Dann nehmen wir etwa 50 Zentimeter lange Äste und legen sie in die Kerben ein. Den ersten und den letzten Ast nageln wir, damit die Sprossen nicht verrutschen, mit den langen Baumstämmen zusammen. Die Leiter legen wir dann über die Felsspalte und gelangen so auf die andere Seite.

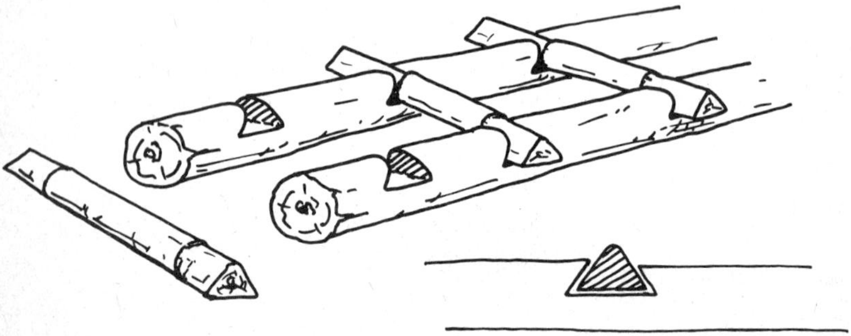

5.8 Bauprinzip für die Leiter. In die nach oben verjüngten Kerben setzen wir die entsprechend zugeschnittenen Sprossen ein

5.9 Die fertige Leiter

6 Lagern im Gelände

Ein Lagerplatz soll die Lagernden vor Witterungseinflüssen schützen. Er soll darüber hinaus, besonders bei längerem Aufenthalt, so gelegen sein, daß die Brennholz- und Trinkwasserversorgung sichergestellt ist.

Als besonders geeignet dafür erweisen sich:
- Waldlichtungen,
- Waldränder oder
- von Buschwerk umgebene Plätze.

Der Unterboden soll trocken sein

6.1 Zeltlager in Mulden sind Feuchtigkeit und Nebel ausgesetzt. Schlecht!

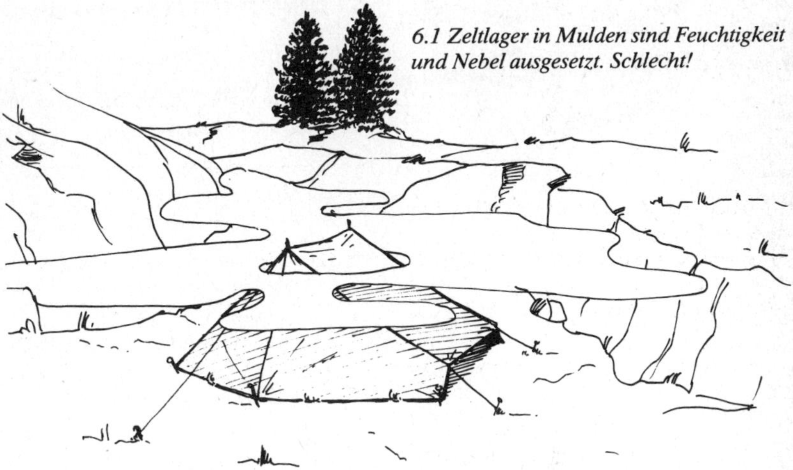

6.2 Zeltlager auf Hügeln sind Wind und Böen ausgesetzt. Schlecht!

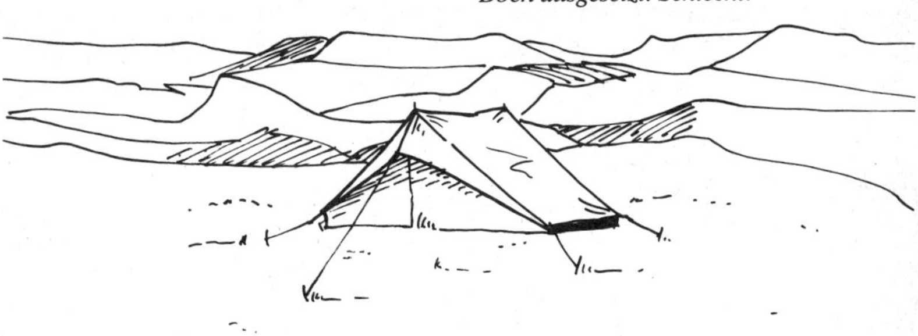

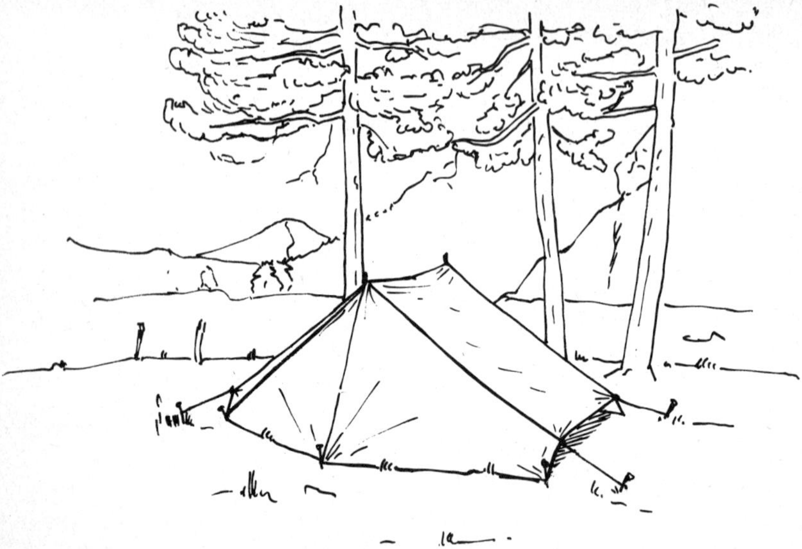

6.3 Ebene Waldlichtungen bieten ideale Bedingungen für ein Zeltlager

und nach Möglichkeit aus Sand und Kies bestehen. Lehmböden sind zu meiden, da hier das Regenwasser schlecht abfließt. Auch sollte darauf geachtet werden, daß der Platz nicht in einer Mulde (Feuchtigkeit) oder auf einem ungeschützten Hügel liegt (Wind). Geeignet ist eine Ebene oder leicht geneigte Fläche.

Übernachten unter einfachsten Bedingungen

Das Wanderzelt mit Boden

Übernachtungsmöglichkeiten in der freien Natur lassen sich auf die verschiedensten Arten herstellen. Die am häufigsten praktizierte Form ist das Aufschlagen eines Wanderzeltes mit Plastikboden. Der Aufbau ist einfach, da das gesamte Zubehör beim Kauf mitgeliefert wird.

Dennoch sollten wir, wenn wir diese Form wählen, folgende Punkte beachten:

- Der Boden, auf den das Zelt gestellt werden soll, muß vorher von Steinen und Ästen gesäubert werden.
- Der Zelteingang sollte auf der dem Wind abgekehrten Seite liegen.
- Die Zeltschnüre sollten, wenn wir das Zelt bei trockenem Wetter aufbauen, nicht zu fest angezogen werden, da die in der

Nacht einsetzende Feuchtigkeit die Schnüre schrumpfen läßt.

- Die Zeltwand muß straff gespannt sein und darf keine Falten bilden.

Der Innenraum eines Zeltes mit Plastikboden bedarf keiner besonderen Ausstattung. Wir benutzen den mitgebrachten Schlafsack zum Schutz gegen Kälte und Dämpfung des harten Untergrundes. Den Rucksack verwenden wir, nachdem daraus alle harten Gegenstände entfernt sind, als Kopfkissen.

Das Wanderzelt ohne Boden

Verwenden wir jedoch ein Wanderzelt ohne Boden, dann müssen wir folgende Punkte zusätzlich beachten:

- Um das Zelt ziehen wir, zum Schutz gegen möglicherweise eindringenden Regen, einen Graben.
- Mit der ausgehobenen Erde dichten wir das Zelt zum Schutz gegen Wind ab.
- Zum Schutz gegen Bodenfeuchtigkeit füllen wir den Boden mit

6.4 Schutzmaßnahmen für das Zeltlager

6.5 Ausgehobener Zeltinnenraum

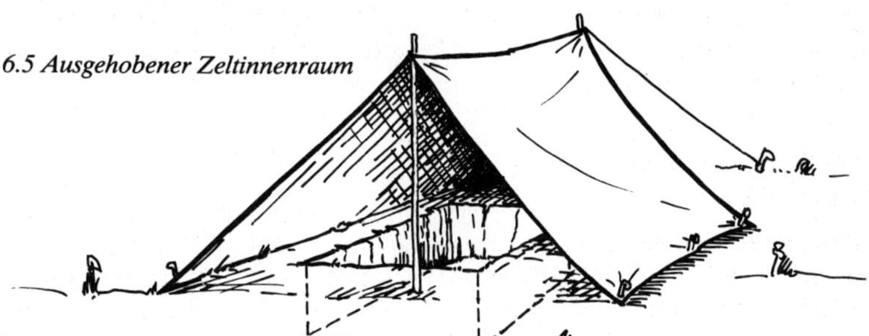

Stroh, getrocknetem Gras oder Tannenzweigen in einer Höhe von ca. 20 Zentimetern auf. Wenn vorhanden, können wir diese Schicht mit einem Anorak oder einer weiteren Zeltplane zusätzlich abdecken.

Ein Zelt ohne Unterboden hat darüber hinaus den Vorteil, daß wir den Zeltinnenraum durch Ausheben des Erdreichs vergrößern können. Wir bekommen dadurch mehr „Wohnraum" und sind besser gegen Kälte und Wind geschützt.

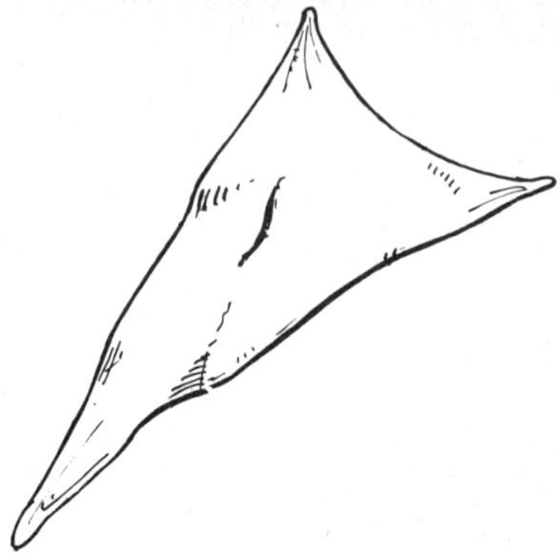

6.6 Dreieckige Zeltbahn

Dreieckige Zeltbahnen

Benutzen wir, statt eines vorgefertigten Zeltes, eine dreieckige Zeltbahn, so hat das verschiedene Vorteile:

- Die Zeltbahn ist leichter und läßt sich viel kleiner zusammenfalten als ein Zelt. Zudem können wir auf das Mitschleppen von vorgefertigten und genau abgemessenen Zeltstäben verzichten und die für den Aufbau benötigten Stöcke jeweils im Wald suchen. Auch das spart Rucksackgewicht.
- Die dreieckige Zeltbahn können wir bei schlechtem Wetter als Poncho verwenden.
- Je nach Gruppenstärke können wir einzelne Dreieck-Zeltbahnen zusammenknüpfen und so den Zeltraum dem Bedarf anpassen.

Wenn wir alleine unterwegs sind, dann steht uns im allgemeinen nur eine Zeltbahn zur Verfügung. Diese benutzen wir als Wind- und Kälteschutz. Wir befestigen in der Mitte

6.7 Zeltbahn als Poncho

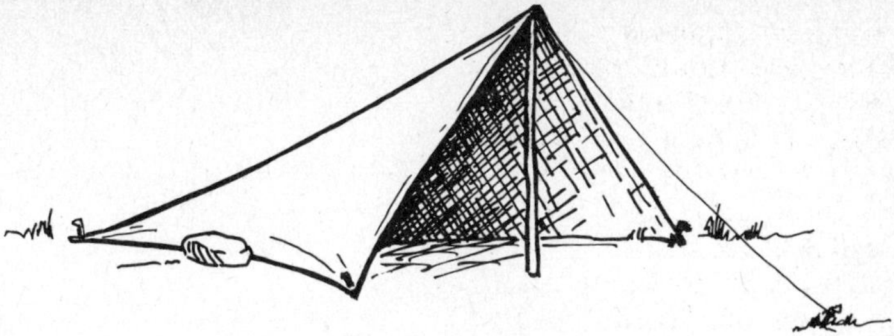

der Grundseite (Knopfloch) eine Leine und machen diese mit dem anderen Ende an einem Baumstamm oder Pfahl fest. Mit *Häringen* (kleine Holzstäbe) verbinden wir die Spitze der Bahn sowie die beiden Enden der Grundseite mit der Erde. Da die Knopflöcher zu klein sind, um die Häringe durchstecken zu können, bringen wir an den Knopflöchern mit Bindfäden Schlingen an.
Zum Schutz vor Regenwasser und gegen Kälte bringen wir, wie auf Seite 37 beschrieben, Wassergräben außen an und dichten den Raum zwischen Zelt und Boden mit Erde ab.

6.8 und 6.9 Aufbau und Befestigung des Zeltes

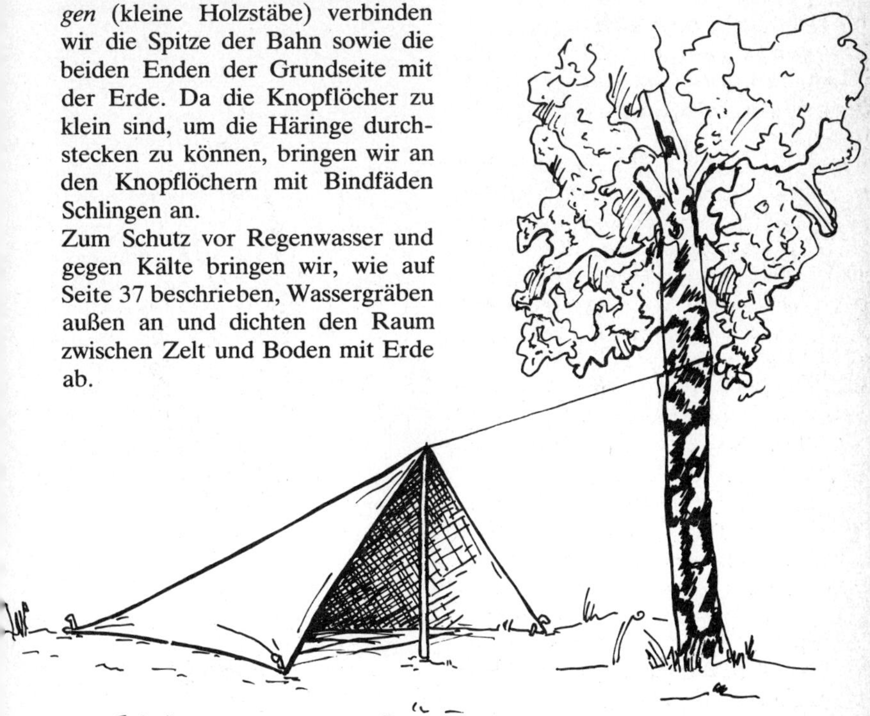

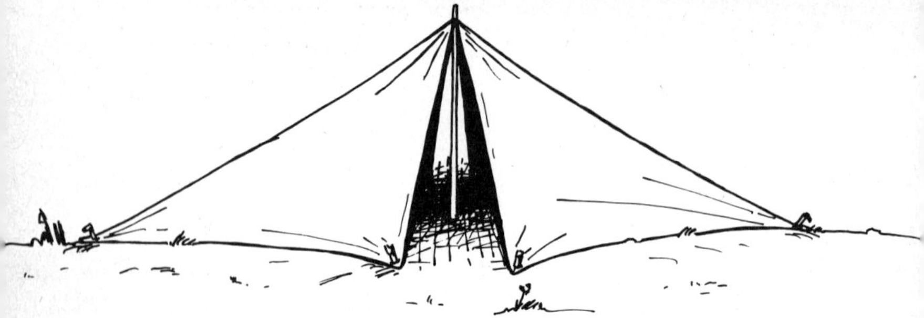

6.10 Bauweise bei zwei Zeltbahnen

Stehen zwei Zeltbahnen dieser Art zur Verfügung, dann stellen wir sie gegeneinander auf und benutzen die eine Seite der einen Bahn als Eingang. Der so entstehende Raum bietet Schutz für zwei Personen.

Mit drei Zeltbahnen und einem Stab von 1,65 Meter Länge können wir eine Dreieckpyramide für zwei Personen zusammenbauen. Der Raum ist allerdings kaum größer als bei zwei Bahnen. Mit vier Bahnen und einem Stab von ca. 1,30 Meter Länge läßt sich eine Viererpyramide für vier Personen bauen.
Wenn wir mehrere Bahnen zu einem Zelt verknüpfen wollen, dann müssen wir beachten, daß nicht alle Seiten einer Dreieckbahn gleich lang sind.
Die folgende Tabelle zeigt die verschiedenen Kombinationsmöglichkeiten der Dreieck-Zeltbahn.

6.11 Bauweise bei drei Zeltbahnen

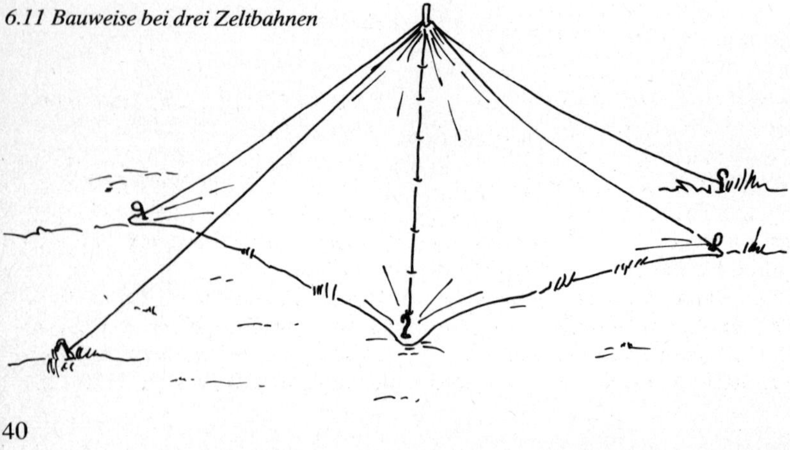

Bahnen	Bezeichnung	Personen	Häringe	Zeltstäbe
1	Wetterschutz	1	3	1 Stab ca. 1,40–1,60 m
2	Doppel-Wetterschutz	2	6	1 Stab 1,40–1,60 m
3	Dreieckpyramide	2	6	1 Stab 1,65 m
4	Viereckpyramide	4	8	1 Stab 1,30 m

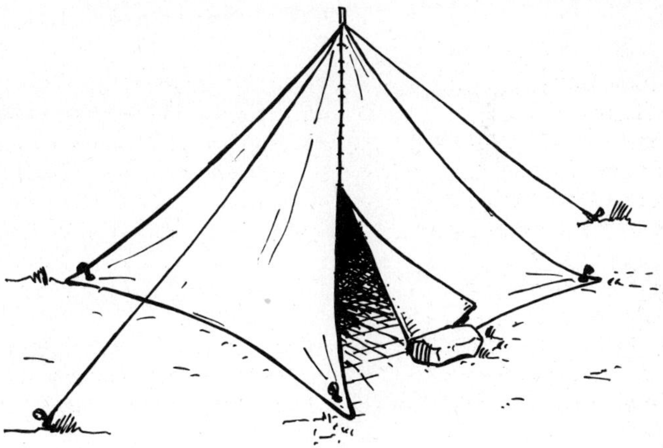

6.12 Bauweise bei vier Zeltbahnen

Haben wir kein Zelt und keine Dreieck-Zeltbahn zur Verfügung, dann können wir auf andere Weise eine Unterkunft herstellen. Zuerst heben wir ein 2 × 1 Meter, bei zwei Personen ein 2 × 2 Meter breites und 50 Zentimeter tiefes Loch aus. Anschließend rammen wir am unteren und oberen Ende je einen etwa schulterhohen Pfahl (mit der Gabelung nach oben) in die Erde und verbinden beide Pfähle mit einem Querträger.
Daran lehnen wir dann auf beiden Seiten in ca. 50 Zentimeter Abstand dünne Stangen und binden sie fest. Ähnlich verfahren wir mit der Kopfseite.
Zwischen die dünnen Stangen flechten wir nun Zweige und dichten die Zwischenräume mit der ausgehobenen Erde (am besten Erde mit

Grasnarbe verwenden), Laub oder Moos ab.
Wer im Winter eine Survival-Tour durchführen möchte, informiert sich vorsichtshalber auch über die Iglu-Bauweise, die relativ einfach durchzuführen ist. Anleitungen finden sich in dem Buch „Northern Survival" (siehe Literaturempfehlungen).

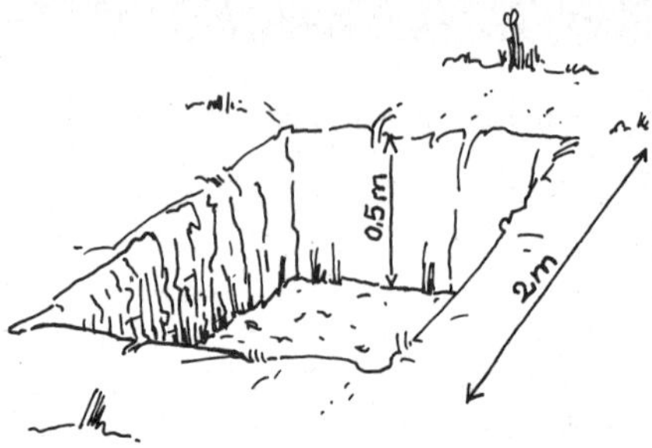

6.13 Ausheben der Grube

6.14 Anordnung der Holzpfähle und -stangen

6.15 Fertige mit Laub abgedichtete Unterkunft

Feuer- und Kochstellen

Feuer ist für uns, die wir einige Tage in der Natur leben wollen, sehr wichtig. Es spendet Wärme und macht Nahrungsmittel und Wasser besser genießbar. Andererseits kann der nachlässige Umgang mit dem Feuer zu unermeßlichem Schaden führen. Bevor wir deshalb im Freien ein Feuer anzünden, sollten wir uns über die richtige Handhabung sorgfältig informieren.
Bereits die Feuerstelle muß gut ausgewählt sein. Sie darf nicht auf einem Boden mit dürrem Gras und auch nicht zu nahe am Wald errichtet werden. Den Platz müssen wir vorher sorgfältig von brennbarem Material (Äste, dürre Blätter, getrocknetes Gras) reinigen.

Brennmaterial

Brennmaterial finden wir meist in der Nähe der Feuerstelle. Wir sollten es in ausreichender Menge vor dem Entzünden des Feuers sammeln. Zum Anzünden verwenden wir am besten Birkenrinde, die wir von den Baumstämmen schälen, Harz, kleine trockene Tannenäste und Tannenzapfen, getrocknetes Moos oder Gras, harzige Kiefernzweige oder auch kleine Vogelfedern. Birkenrinde brennt, auch wenn es darauf geregnet hat, meist relativ gut.
Für das Weiterbrennen in den ersten Minuten nach dem Anzünden verwenden wir nach Möglichkeit kleinere Äste aus leicht brennbarem Holz. Besonders geeignet sind Fichte, Lärche, Kiefer, Tanne und Birke. Sobald das Feuer richtig brennt, verwenden wir zur Wärmeerzeugung und zum Kochen Holz, das eine gute Glut gibt. Geeignet sind Buche, Ulme, Esche und Eiche.
Aufschluß über die Brenneigenschaften der verschiedenen Holzarten gibt die folgende Tabelle.

Zündmittel

Üblicherweise zünden wir Feuer mit *Streichhölzern* an. Im Gelände werden Streichhölzer jedoch leicht feucht und sind dann zum Feueranzünden nicht mehr geeignet. Um

Zündmaterialien	Schnell brennbares Holz	Gutes Wärme- und Kochholz
Birkenrinde	Fichte	Buche
Harz (insbesondere von Kiefernbäumen)	Kiefer	Ulme
Trockene Kiefern- und Tannenäste	Lärche	Esche
Tannenzapfen	Tanne	Eiche
Trockenes Gras, Moos	Birke	

das zu verhindern, tauchen wir die Streichholzköpfe in Wachs und umwickeln die Schachtel zusätzlich mit Stanniolpapier. Auf diese Weise werden die Streichhölzer vor Feuchtigkeit geschützt und sind jederzeit gebrauchsfertig.

Stehen keine Streichhölzer (und auch kein Benzinfeuerzeug) zur Verfügung, so können wir Feuer mit einer *Lupe* entzünden. Dazu nehmen wir leicht brennbares Material (Birkenrinde, Harz, trockene Holzspäne) und halten den Lichtpunkt der Lupe (Punkt muß möglichst klein gehalten werden, damit es zu einer hohen Wärmekonzentration kommt) so lange über das Brennmaterial, bis es zu glimmen beginnt. Durch leichtes Blasen versuchen wir, das glimmende Material zum Entflammen zu bringen.

das Holzmaterial zum Glimmen bringt. Dies gelingt allerdings nur mit absolut trockenem Holz.

Am bekanntesten ist die *Feuerquirlmethode.* Wir benötigen dazu ein Stück trockenes Holz als Unterlage, in das wir eine leichte Vertiefung schnitzen, einen etwa 20 Zentimeter großen, angespitzten, trockenen Holzstab, einen mit Seil bespannten Bogen und ein weiteres Stück Holz, das als Druckverstärker dient. Wir wickeln dann das Seil des Bogens, wie auf Abbildung 6.17 zu sehen, um den Holzstab und stecken die Spitze des Holzstabes in die Vertiefung des als Unterlage dienenden Holzes. Mit dem zweiten Holz drücken wir den Holzstab fest in die Vertiefung. Die Stabspitze umgeben wir mit kleinen Birkenrindenstückchen und Harz.

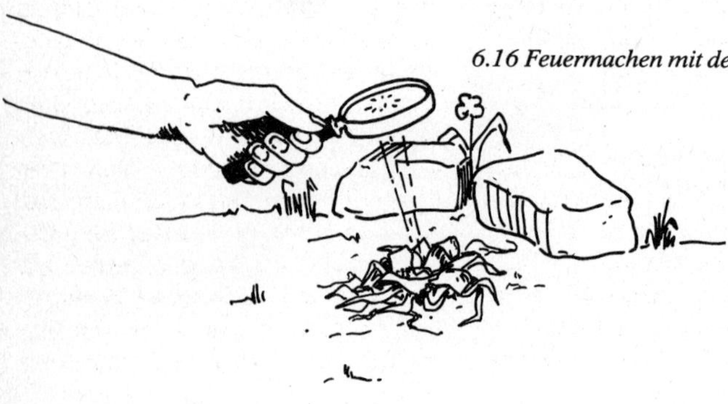

6.16 Feuermachen mit der Lupe

Eine andere Methode praktizieren vor allem Naturvölker (Eskimos und Indianer). Sie reiben Brennmaterial so lange aneinander, bis die durch *Reibung* entstandene Hitze

Danach drehen wir den Stab durch schnelles Hin- und Herziehen des Bogens so lange, bis durch die erzeugte Reibungshitze das Brennmaterial zu glimmen anfängt. Durch

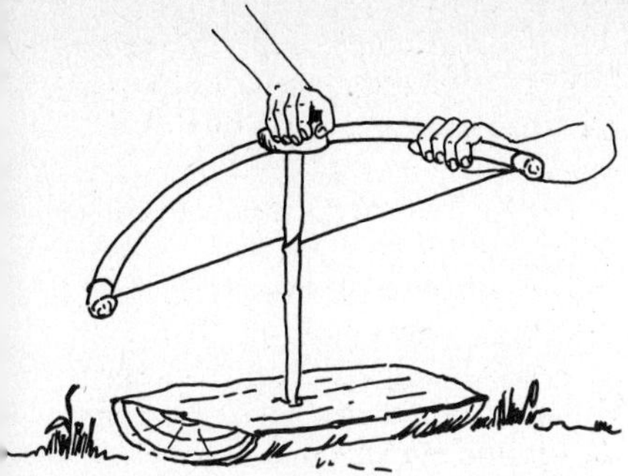

6.17 Feuermachen mit der Feuerquirlmethode

Blasen und weiteres Drehen des Stabes versuchen wir, das glimmende Material zu entflammen.

Da es sehr zeitraubend und oft schwierig ist, Feuer mit einer Lupe oder einem Feuerquirl zu entzünden, erscheint es zweckmäßig, das einmal entzündete Feuer, so lange wir den Lagerplatz nicht wechseln, am Brennen zu erhalten.

Dies kann auf verschiedene Weise geschehen:

- Wenn wir uns in der Nähe des Feuers aufhalten, können wir ständig neues Holz auflegen.
- Wollen wir die Glut über Nacht erhalten, dann legen wir dicke grüne Laubholzäste auf das Feuer. Diese glühen bis zum frühen Morgen.
- Falls wir das Lager für längere Zeit verlassen müssen, graben wir die Glut in der Erde ein und lassen ein kleines Luftloch. Die Glut schwelt dann bis zu 24 Stunden weiter. Durch Hinzufügen von Zunder können wir sie jederzeit wieder entflammen.

Feuerstätten

Feuerstätten gibt es für verschiedene Zwecke. Je nachdem, ob wir um das Feuer lagern und uns wärmen, oder kochen, braten, backen wollen, werden wir unterschiedliche Formen wählen. Für alle Feuerstellen gilt allerdings, daß der Wind ungehinderten Zugang zum Brennmaterial haben muß.

Alle Feuerstellen werden durch Steine oder ausgehobenes Erdreich eingegrenzt und nach Löschen des Feuers mit trockenen Zweigen oder Erde abgedeckt. Die einzig wirklich sichere Art, ein Feuer zu löschen: Wasser darüber schütten, so lange bis kein Rauch mehr zu sehen ist. Zur Kontrolle aber nochmals die Asche „durchrühren" und prüfen, ob das Feuer wirklich endgültig gelöscht ist und nicht ein Windstoß es wieder entfachen kann. Diese Maßnahmen sind wichtig, weil wir damit bei ungeklärten Wald- oder Wiesenbränden beweisen können, daß wir nicht Brandverursacher sind. Daß trockene Zweige natürlich nur auf ein völlig abgelöschtes Feuer gelegt werden dürfen, sei nur der Vollständigkeit halber erwähnt.

Lagerfeuer

Die bekannteste Form des Lagerfeuers ist das sogenannte *Pyramidenfeuer.* Wir stellen zu diesem Zweck dünne Holz- und Reisig-

6.18 Steinkreis zur Eingrenzung des Feuers

6.19 Abdecken des gelöschten Feuers mit Laubzweigen

6.20 Pyramidenfeuer

6.21 Die Konstruktion des Holzgitters für das Jägerfeuer

6.22 Die sternförmig angeordneten Holzscheite für das Jägerfeuer

zweige um einen Haufen Birkenrinde. In Windrichtung lassen wir eine kleine Öffnung. Die Birkenrinde zünden wir an. Sobald die Reisigzweige Feuer gefangen haben, kann weiteres Holz nachgelegt werden.
Eine weitere, sehr gut brennende Lagerfeuerform ist das *Jägerfeuer*. Zur Vorbereitung heben wir eine etwa zehn Zentimeter tiefe Grube aus und belegen den Boden mit dünnen Holzstäben. Durch dieses Holzgitter stellen wir sicher, daß die Luft und damit Sauerstoff gut an das Feuer kommt.
Auf das Holzgitter legen wir dann Zunder und auf diesen sternförmig dünne, trockene Zweige. Nachdem das Feuer am Zunder entzündet worden ist, schieben wir, je nach Bedarf, weitere Holzstücke sternförmig nach.
Die einfachste und bekannteste Form des Kochfeuers ist das *Grabenfeuer.* Bei diesem Feuer heben wir einen kleinen Erdgraben aus oder schichten zwei Steinreihen, die in Windrichtung liegen müssen, auf. Das Feuer brennt im Graben, die Töpfe stellen wir auf den Grabenrand.
Eine Variante des Grabenfeuers ist das *Sterngrabenfeuer.* Bei diesem Feuer heben wir einen sternförmigen Graben aus oder schichten zwei Reihen Steine in Kreuzform auf. Das Feuer brennt am Kreuzungspunkt der beiden Gräben. Ein Vorteil dieses Feuers ist es, daß es auch bei wechselnden Windrichtungen immer genug Zug bekommt. Holz

6.23 Grabenfeuer

6.24 Sterngrabenfeuer

6.25 Grabenfeuer mit Steinkamin

Holzgerüste für Kochgefäße

6.26

6.27

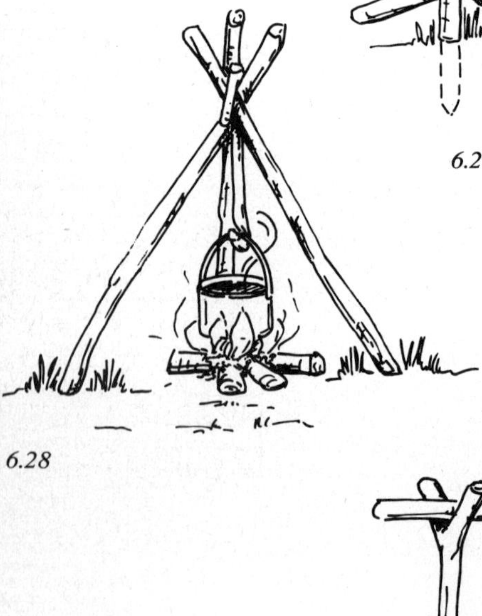

6.28

6.29

kann von allen Seiten nachgelegt werden.
Wenn wir uns längere Zeit im Gelände aufhalten, können wir die Wirkung des Grabenfeuers dadurch erhöhen, daß wir am Ende des Grabens mit Steinen einen Kamin aufbauen. Der Ofen zieht besser und erzeugt schneller Glut.

Behelfsmäßige Kochöfen
Neben den eigens für Kochzwecke errichteten Öfen lassen sich auch alle Lagerfeuer zum Kochen verwenden. Wir benötigen hierzu lediglich die entsprechenden Gerüste. Wir sollten jedoch bei Lagerfeuern warten, bis der meist höhere Holzhaufen etwas abgebrannt ist und das Feuer ausreichende Glut besitzt. Die Töpfe sind dann in Höhe der Feuerspitze zu hängen. Hier hat das Feuer die größte Kraft. Die nebenstehende Seite zeigt Holzgerüste für Kochtöpfe.
Benötigen wir für das Zubereiten einer Speise von allen Seiten Hitze, dann ist es zweckmäßig, den Kochtopf in die Glut einzugraben. Zur Vorbereitung heben wir ein etwa 20 Zentimeter tiefes rundes Loch aus, das an einer Stelle einen schrägen Zugang hat. Den Boden belegen wir, wie vorher schon beschrieben, mit Holzstäben und schichten darauf das Brennmaterial auf. Sobald das Brennmaterial abgebrannt ist, hat sich das Loch mit Glut gefüllt. Da hinein stellen wir nun den Kochtopf und lassen unsere Speisen garen.

6.30 In Glut eingegrabener Blechnapf

Kochgeräte
Nicht alle Speisen sind für das Garen im Kochtopf geeignet. Insbesondere bei Fleischstücken wird der Geschmack erhöht, wenn wir sie am offenen Feuer grillen oder backen.

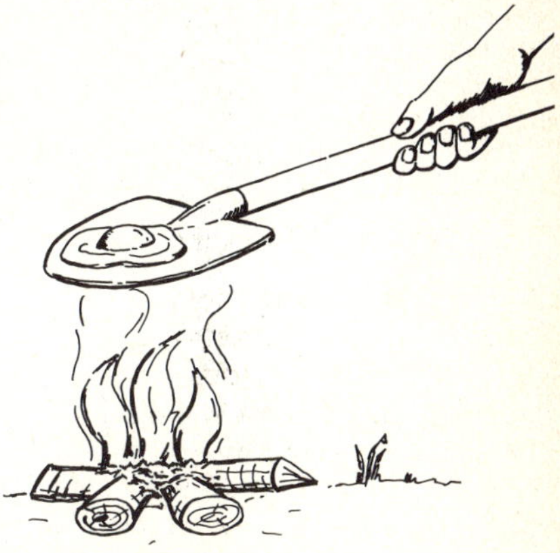

6.31 Der Spaten als Bratpfanne. Falls uns Fett zur Verfügung steht, sollten wir den Spaten damit zuvor einreiben, damit das Bratgut nicht anklebt

Holzgerüste für Grillgut

6.32

6.33

6.34

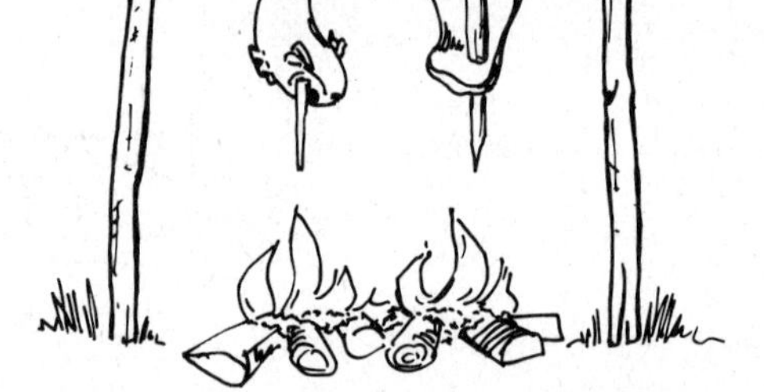

6.35

Da wir nicht immer Pfannen mitführen, stellen wir uns die zum Grillen und Backen notwendigen Geräte selbst her. Wir benötigen dazu frische Zweige von Laubbäumen (am besten Haselnußzweige), die wir von der Rinde befreien und wie auf den Abbildungen dargestellt verwenden.
Spiegeleier und Pfannkuchen lassen sich sehr gut auf einem Spaten oder einem flachen Stein backen. Damit das Bratgut nach dem Backen nicht am Spaten oder auf dem Stein festhängen, reiben wir die Backfläche vorher mit Fett oder Öl ein.

Räuchern

Schon seit Urzeiten werden Fleisch und Fisch durch Räuchern haltbar gemacht. Gerade im Gelände, wo keine Kühlmöglichkeiten vorhanden sind, ist diese Art des Haltbarmachens von Nahrungsmitteln besonders wichtig. Wir benötigen dazu einen Ofen, der es erlaubt, die Nahrungsmittel gezielt in den Rauch zu hängen, ohne daß sie durch das Feuer gebraten werden. Am geeignetsten ist ein Röhrenofen, wie auf Abbildung 6.36 dargestellt.
Wir heben dazu eine Feuerstelle von etwa 20 Zentimeter Tiefe aus und ziehen von der Feuerstelle weg in gleicher Höhe einen etwa 30 Zentimeter langen Graben, den wir mit Holzstäben auskleiden und mit Erde abdecken. Am Ende des Grabens heben wir eine Öffnung in der gleichen Größe der Feuerstelle aus und errichten mit Steinen den Rauchfang, in den wir die zu räuchernden Waren hängen.
Die für das Räuchern am ehesten geeigneten Holzarten sind Wacholderzweige, Eiche, Buche, Birke, Weide. Wichtig beim Räuchern ist, daß das Feuer möglichst viel Rauch entwickelt. Eventuell muß das Holz zur Rauchentwicklung etwas angefeuchtet werden. Der Räuchervorgang ist nach etwa zwei Tagen beendet. Während dieser Zeit muß das Feuer ständig brennen.

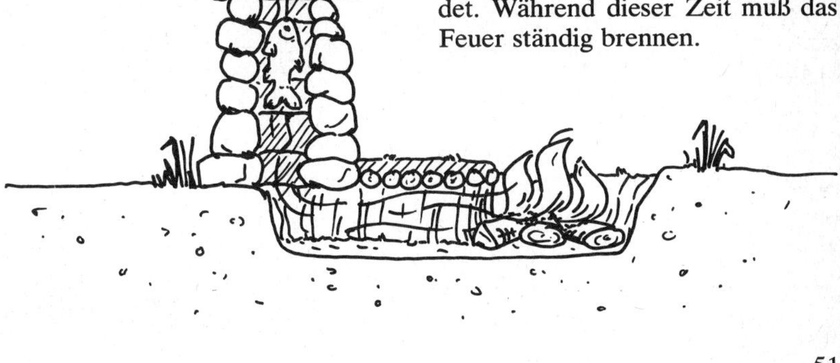

6.36 Räucherofen

Vorhergehende Doppelseite:
Hier werden Fisch und Brot – auf Stecken befestigt – über dem Lagerfeuer zubereitet. Das leicht aufzubauende Gerüst über der Feuerstelle können wir aus drei Ästen herstellen. Es eignet sich auch für die Zubereitung von Fleischgerichten

7 Grundregeln der Ernährung in der freien Natur

Das Verlassen auf Ernährung aus der Natur erscheint vielen als riskantes Eß-Abenteuer, stehen wir doch scheinbar unter dem Zwang unserer modernen Nahrungs- und Eßgewohnheiten. Geringe Verschmutzung und Unregelmäßigkeiten in Form und Aussehen beeinflussen uns bereits bei der Auswahl unserer Lebensmittel. In Notsituationen können wir uns den Luxus der Auswahl natürlich nicht leisten und achten mehr auf den Nährwert. Je mehr wir hungern, um so geringer wird die Abscheu, die ja auch nicht angeboren ist (der Mensch ist eher ein „Allesfresser"), sondern uns im Laufe des Lebens anerzogen wurde. Im Grunde gibt es nur ganz wenige Pflanzen und Tiere, die uns, wenn sie in kleinen Mengen genossen werden, gefährlich werden können. Fast jedes Lebewesen auf der Erde ist genießbar und schadet nicht der Gesundheit. Ganz im Gegenteil sogar, die meisten Insekten und deren Larven enthalten einen hohen Anteil an Fett und wichtigen Vitaminen. Wenn wir unbedingt unseren Hunger stillen müssen, dürfen wir auf Spinnen und Ameisen genauso zurückgreifen wie auf Regenwürmer, die Nährwerte in recht konzentrierter Form enthalten.

Der Wasserhaushalt

Wasser ist das Mittel, das wir Menschen neben Luft am dringendsten benötigen. Wir können wochenlang ohne Nahrungsmittel auskommen, aber nur wenige Tage ohne Trinkwasser.

Um gesund und leistungsfähig zu bleiben, benötigen wir täglich, je nach Tätigkeit, 3 bis 5 l Wasser. Ein Minus im Wasserhaushalt unseres Körpers bringt sofort eine Minderung der Leistungsfähigkeit, bei längerem Anhalten auch Unwohlsein und Appetitlosigkeit mit sich. Wasser ist für den menschlichen Körper immer wichtiger als Nahrung. Daher müssen wir uns immer zuerst um Wasser und dann erst um Nahrung kümmern.

Können wir in einem sehr trockenem Gebiet Wasser nicht in ausreichenden Mengen finden, dann müssen wir dafür sorgen, daß unser Körper nicht zu viel Flüssigkeit durch Schwitzen verliert. Wir meiden in solchen Fällen die Sonne, bewegen uns nur im Schatten, warten ab, bis die Dämmerung hereinbricht und die Temperaturen zurückgehen. Wir bewegen uns dann nur langsam voran, vermeiden große Kraftanstrengungen und behalten so viele Kleidungsstücke an, daß der ganze Körper bedeckt ist.

Die Bestandteile der Nahrung

Eine vollwertige und gesunde Ernährung setzt eine ausgewogene Zusammensetzung der Nahrung voraus. Die Bestandteile unserer Nahrung sollten Kohlenhydrate, Eiweiß, Fett und Vitamine sein.

Vitamine	Die Vitamine A, B1 und B2 können wir über die Zunahme von Kohlenhydraten bekommen. Die Vitamine A, D, E und K sind im Fett enthalten. Als Vitamin-C-Lieferant empfiehlt sich Trockenobst. Auf jeder Tour ein Multivitaminpräparat mitführen.
Fett	Bei kaltem Wetter steigt der Fettbedarf des Körpers. Fettträger: Käse, Nüsse, Butter, Speck usw.
Eiweiß	Auf Eiweiß kann am schlechtesten verzichtet werden, da es die lebensnotwendigen essentiellen Aminosäuren und wichtige Spurenelemente enthält. Eiweißträger: Fisch, Fleisch, Milch, Eier, Pilze, usw.
Kohlenhydrate	Bei Wassermangel sind Kohlenhydrate aufgrund der leichten Verdaulichkeit vorzuziehen. Kohlenhydratträger: Reis, Kartoffeln, Mehl, Getreide usw.

8 Nahrungsbeschaffung

Pflanzliche Nahrung

Wenden wir uns den Früchten und Pflanzen der Natur zu, entdecken wir die abwechslungsreichsten und nahrhaftesten Nahrungsquellen. Daß wir durchaus auf Fleisch verzichten können, beweisen uns die Anhänger vegetarischer Kost ja ständig. Gewaltige Vorräte wildwachsender Pflanzen und Früchte – es gibt mindestens 300 genießbare Pflanzenarten, die in Europa wild wachsen – stehen dem Nahrungssuchenden in unterschiedlichster Form zur Verfügung. Auf sich gestellt, ist der Abenteurer oder Hilfesuchende auf Kenntnisse über eßbare Pflanzen und Wildfrüchte angewiesen. Neben den Feldfrüchten und Getreidearten, die wir auf Äckern und Feldern vorfinden, handelt es sich dabei vorwiegend um Algen, Pilze, Flechten, Nüsse, Wurzeln, Beeren, Gemüsepflanzen, verschiedene Kräuter und Wildfrüchte, die roh oder auch zubereitet genießbar sind, häufig sehr viel Nährwert enthalten und zu schmackhaften Mahlzeiten gekocht und gebraten werden können. Auf eine kleine Auswahl der in unseren Gebieten vorkommenden Spezies und deren Zubereitung weisen wir auf den folgenden Seiten hin.

Pilze

Bei Pilzen müssen wir sehr vorsichtig verfahren. Es gibt in Mitteleuropa sicher weit mehr als 3000 Arten von Pilzen, und davon sind nur wenige Dutzend wegen ihrer Giftigkeit als gefährlich einzustufen. Aber um nicht durch einen bösen Zufall das falsche Gewächs zu erwischen, empfehlen wir, über unsere kurze Beschreibung hinaus ein brauchbares Pilzbuch zur Hand zu nehmen und sich die wenigen giftigen Arten besonders einzuprägen. Da Pilze einen vergleichsweise geringen Nährwert haben, sollten wir auf sie als Nahrungsquelle nur in sicheren Fällen zurückgreifen.

Pilze müssen wir innerhalb von 24 Stunden nach dem Sammeln verwerten. Vor dem Kochen müssen sie selbstverständlich gereinigt sein. Genau wie bei allen anderen Speisen, die wir nicht kennen, oder zuvor nicht gegessen haben, dürfen wir hier zunächst nur eine kleine Portion zu uns nehmen. Es ist immerhin doch möglich, daß eine gewisse Unverträglichkeit vorliegt.

Durch einfaches Trocknen sind Pilze auch für längere Zeit verfügbar zu machen. Zum Trocknen schneidet man die Pilze in drei bis fünf Millimeter dicke Scheibchen und legt sie an warmen Stellen (zum

Beispiel auf Steinen) aus. Man kann sie auch an Fäden aufgereiht zum Trocknen aufhängen. Richtig trokken sind sie, wenn sie sich hart anfühlen und beim Zerreiben in kleine Krümel zerfallen.

Pfifferling
Er ist einer unserer bekanntesten Speisepilze und in fast allen Wäldern heimisch. Als Wachstumsort bevorzugt er die Rotbuche. Er ist von trichterförmiger Gestalt und hat einen Hut von zwei bis acht Zentimeter Breite, der am Rande etwas wellig verbogen ist. Seine Färbung ist dottergelb, selten auch etwas blasser. Er hat leistenförmige, dickliche Lamellen, die sich oft gabeln und verzweigen und am Stiel lang herablaufen. In getrockneter Form können wir ihn auch als Würzpilz verwenden. Siehe Abb. 8.1.

Violetter Ritterling
Diesen Pilz finden wir in der Zeit zwischen September und November häufig an Waldrändern, in Bögen oder Kreisen wachsend. Er hat einen hellvioletten Hut von fünf bis zwölf Zentimeter Durchmesser, der von flacher Form ist und mit zunehmendem Alter etwas ins Bräunliche umschlägt. Die Lamellen sind violett, später bräunlich. Der ebenfalls violette Stiel ist derb und fleischig sowie an der Basis etwas geschwollen. Der Violette Ritterling verbreitet einen aromatischen, etwas an gekochtes Fleisch erinnernden Geruch. Er ist ein guter Speisepilz von süßlichem Geschmack. Siehe Abb. 8.2.

Wiesenchampignon
Den Wiesenchampignon finden wir, wie der Name schon sagt, sehr häufig auf Weiden und Wiesen, von August bis November. Sein Hut ist weiß, zuerst halbkugelig, später flacher oder flach gewölbt und bis zu zehn Zentimeter breit. Die Lamellen sind rosa bis braun und der Stiel sehr kurz, bei jüngeren Exemplaren noch mit dem Hut verbunden. Der Champignon kann, obwohl er sehr bekannt ist, leicht mit anderen, schwer bekömmlichen Pilzsorten verwechselt werden. Hat man den Champignon eindeutig identifiziert, ist er gekocht oder auch angebraten sehr schmackhaft. Siehe Abb. 8.3.

Butterröhrling, Butterpilz
Ihn finden wir häufig im Heidekraut oder in Kiefernwäldern. Sein Hut hat vier bis zehn Zentimeter Durchmesser und ist orangebraun, zur Mitte hin etwas dunkler. Sein drei bis zehn Zentimeter hoher Stiel hat violettbräunliche Ringe. Er ist zum Trocknen relativ ungeeignet. Siehe Abb. 8.4.

Goldröhrling
Den Goldröhrling finden wir häufig in Lärchenwäldern von März bis November. Sein Hut ist fünf bis zwölf Zentimeter breit und von blaßgelber Färbung. Sein Stiel ist ziemlich dünn und hat gelbe, wulsti-

ge Ringe. Er verfärbt sich beim Anschneiden schwach rötlich. Siehe Abb. 8.5.

Körnchenröhrling
Ihn finden wir meist in sandigen Kiefernwäldern von Juli bis Oktober. Sein Hut hat fünf bis zehn Zentimeter Durchmesser und ist ziemlich schleimig und von strohgelber bis lederbrauner Färbung. Er riecht angenehm fruchtig, ist aber leider häufig von Maden befallen. Siehe Abb. 8.6.

Birkenröhrling
Den Birkenröhrling finden wir nur unter Birken, von Juli bis November. Er hat einen fünf bis zehn Zentimeter breiten Hut von graubrauner Färbung. Der Stiel ist sehr schlank, wird bis zu 15 Zentimeter hoch und ist mit schwarzen bis braunen Schuppen besetzt. Siehe Abb. 8.7.

Speisemorchel
Diesen Pilz finden wir vorwiegend auf Kalkboden. Sein Hut sieht aus wie der Querschnitt durch eine Bienenwabe. Er muß intensiv saubergemacht werden, da sich in diesen Vertiefungen meist sehr viel Schmutz ansammelt. Morcheln kann man gut zu Suppen verarbeiten, aber auch zum Trocknen verwenden. Siehe Abb. 8.8.

Nüsse

Nüsse können in Notsituationen eine Hauptquelle für hochwertiges Protein und Fett darstellen. Walnüsse enthalten zum Beispiel 18% Protein (Eiweiß) und 60% Fett. Gesammelte Nüsse müssen trocken aufbewahrt werden, damit Feuchtigkeit und Schimmelbefall den Nußkern nicht verderben.

Haselnuß
Sie kommt fast in ganz Europa vor. Wir finden sie in Wäldern, Gebüschen und Hecken. Der Strauch ist meist weniger als fünf Meter hoch und hat rötlich behaarte, gezähnte Blätter. Die Nüsse sind eiförmig, ein bis zwei Zentimeter lang und in einem grünen Kelch eingelagert.
Ende September ist die beste Erntezeit, vorausgesetzt, Eichhörnchen und Eichelhäher sind uns nicht schon zuvorgekommen. Siehe Abb. 8.9.

Eßkastanie
Eßkastanien sind appetitliche Wildfrüchte, die an hohen, aufrechten Bäumen mit einfachen, lanzettförmigen Blättern vorzufinden sind. Haupterntezeit haben wir im Oktober und November. Wir finden die Kastanien in rundlichen, grünen Gehäusen, die dicht mit langen Stacheln besetzt sind. Eßkastanien können zwar nach Entfernen der braunen Schale und der oberen faserigen Schicht auch roh verzehrt werden, aber erst durch Rösten

8.1 *Pfifferling*

8.2 *Violetter Ritterling*

8.3 *Wiesenchampignon*

8.4 *Butterpilz*

8.5 Goldröhrling

8.6 Körnchenröhrling

8.7 Birkenröhrling

8.8 Speisemorchel

verwandelt sich diese Frucht in eine schmackhafte Mahlzeit. Siehe Abb. 8.10.

Eicheln

Die Frucht der Eiche, einem in Europa weit verbreiteten, ansehnlichen Baum, der über 30 Meter hoch

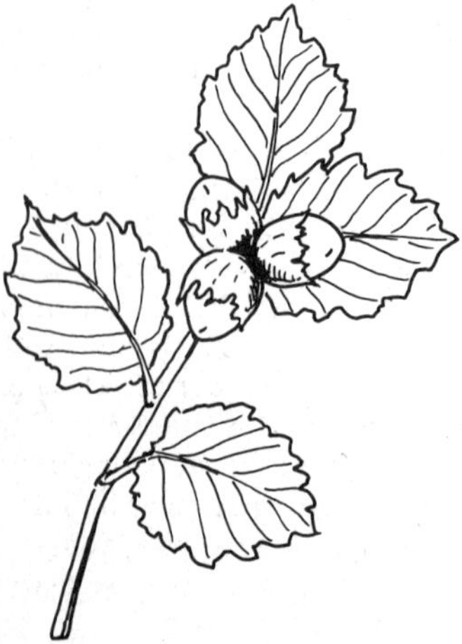

8.9 Haselnuß

8.10 Eßkastanie

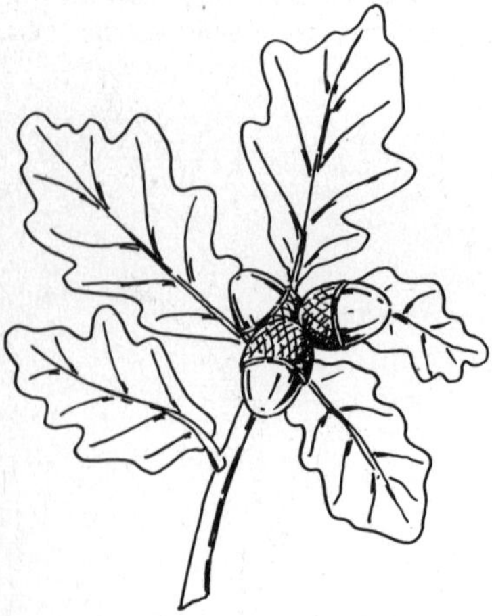

8.11 Eicheln

8.12 Walnuß

werden kann und ein hohes Alter erreicht, kann roh verzehrt sehr abstoßend schmecken und ist unverdaulich. Deshalb sollten die Eicheln zuerst getrocknet und dann mit Hilfe von Steinen gemahlen werden. So läßt sich aus ihnen ein Notersatz für Kaffee zubereiten. Die Eichelkerne werden dazu zerkleinert, bis zu einer leicht braunen Färbung geröstet und schließlich fein gemahlen und erneut geröstet. Siehe Abb. 8.11.

Walnuß

Walnußbäume findet man in Deutschland nur in wärmeren Gegenden, zum Beispiel im Rheinland. Die sehr vitaminhaltige Frucht schmeckt am besten, wenn sie reif und trocken ist. Dies ist gewöhnlich im Oktober und November der Fall. Walnüsse sind im eigentlichen botanischen Sinn keine Nüsse, sondern die Kerne von Steinfrüchten. Siehe Abb. 8.12.

Meeresalgen

Meeresalgen haben ihren natürlichen Lebensraum an Felsküsten. Sie enthalten große Mengen mineralische Bestandteile und Spurenelemente sowie einen überdurchschnittlichen Vitamingehalt. Sie sind damit als Nahrungsmittel wesentlich wertvoller als zum Beispiel Fleisch. Es gibt im Grunde keine giftigen oder schädlichen Meeresalgen. Wie auch bei Schalentieren müssen wir uns jedoch davor hüten, Abwasserzonen oder verschmutztes Meerwasser als Erntefeld zu benutzen. Vor ihrer Verwendung müssen wir die Algen mehrmals in Süßwasser abspülen. Fast alle Tang- und Algenarten sind eßbar, stellvertretend seien zwei genannt.

Meersalat

Meersalat ist eine Alge von kräftig- bis hellgrüner Färbung, die etwa

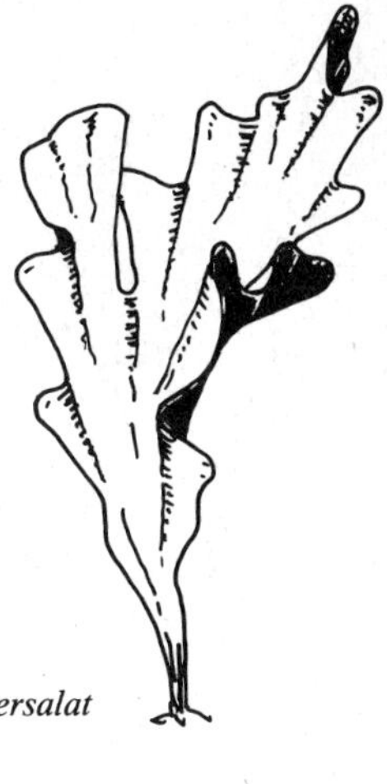

8.13 Meersalat

zehn bis 90 Zentimeter lang wird. Wir finden diese Spezies häufig auf Felsen oder Steinen oder auf anderen größeren Algen festgewachsen. Siehe Abb. 8.13.

Darmtang
Zehn bis 30 Zentimeter lange, aber nur ein bis zwei Zentimeter breite, hellgrün bis gelbgrün gefärbte, schlauchförmige Alge. Sie ist in allen Weltmeeren auf Felsen und Steinen in der oberen Gezeitenzone sehr häufig vorzufinden. Frisch als Salat und getrocknet als Gewürz zu verwenden. Siehe Abb. 8.14.

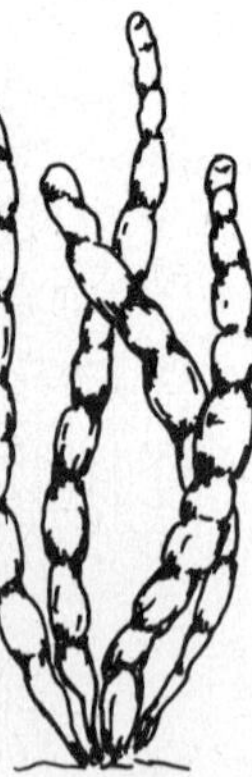

8.14 Darmtang

Wurzeln und Gemüsepflanzen

Meerrettich
Die Meerrettichpflanze hat einen großen, rispigen Blütenstand mit weißen Kreuzblüten und sehr großen Blättern, die am Rande leicht eingekerbt sind. Wir finden sie häufig auf unwirtlichem Ödlandboden. Die Pflanze hat zumeist ein recht ausgedehntes, dichtes Wurzelsystem. Um ein brauchbares Stück zu bekommen, muß man recht tief graben. Die äußere braune Schicht der Wurzel schaben wir mit einem kantigen Hilfsmittel ab, und die verbleibenden weißen Stücke müssen wir gut reiben oder zerkleinern. Die frischgeriebene Wurzel kann danach unmittelbar verzehrt werden. Siehe Abb. 8.15.

Löwenzahn
Löwenzahn ist sehr weit verbreitet und wir finden ihn häufig auf offenen und grasbewachsenen Stellen. Er hat große, goldgelbe Blütenköpfe, die auf einem rötlichen, hohlen Stengel sitzen. Bei Verletzung der Pflanze sondern alle Teile einen weißen Milchsaft ab. Die weißen langen Wurzeln lassen sich gut als Kaffee-Ersatz verwenden. Dazu gräbt man die kräftigen Wurzeln aus und schrubbt sie gründlich ab. Nach dem Trocknen in der Sonne versuchen wir, sie grob zu zerkleinern und ähnlich wie Kaffee zu überbrühen. Wenn wir die Wurzeln in kleine Ringe zerschneiden und in heißem Fett dünsten, läßt sich auch ein schmackhaftes Gemüse anrichten. Siehe Abb. 8.16.
Gut zum Verzehr geeignet sind auch die Wurzeln der Wiesenmargerite (als Gemüse), des Gemeinen Pastinak, der Weißen Seerose, des Garten-Rettich, der Breitblättrigen Kresse, der Stranddistel und des Bärwurz.

8.15 Meerrettich

8.16 Löwenzahn

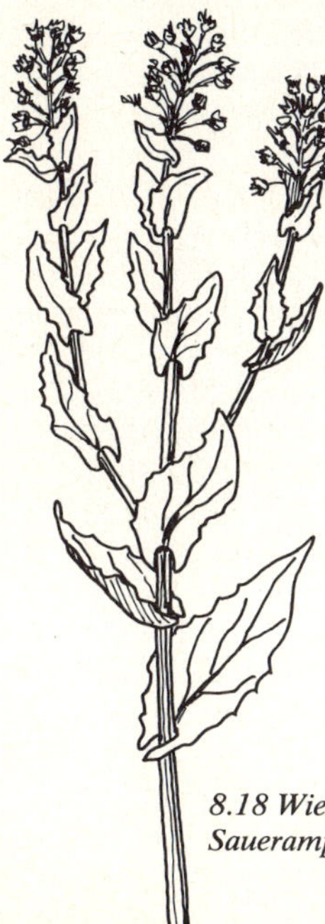

8.18 Wiesen-Sauerampfer

8.17 Kresse

8.19 Große Brennessel

Eine Vielzahl eßbarer grüner Pflanzen kann zu einem schmackhaften Wildgemüse bereitet werden. Einige wenige möchten wir anführen.

Brunnenkresse

Wir finden sie an Bächen und Gräben mit fließendem Wasser von Mai bis Oktober. Die Pflanze hat einen außerordentlich hohen Vitamin-C-Gehalt und kann sehr gut als Salat zubereitet werden. Auch eine Weiterverarbeitung zu Grüngemüse ist sehr empfehlenswert. Wiesenschaumkraut, Barbarakraut und Viermänniges Schaumkraut können ebenso Abwechslung auf den Speiseplan bringen. Siehe Abb. 8.17.

Löwenzahnblätter

Die Blätter des bereits erwähnten Löwenzahns gehören in Europa und Amerika zu den populärsten Wildgemüsen. Löwenzahnblätter sind angenehm zu essen, schmecken gut und haben einen hohen Bestandteil an Mineralien. Sie können als Salat oder Gemüse zubereitet werden. Siehe Abb. 8.16.

Wiesen-Sauerampfer

Der Wiesen-Sauerampfer ist eine weitverbreitete Pflanze, die bis zu einem Meter hoch wird. Die Blätter ergeben ein wohlschmeckendes Gemüse. Siehe Abb. 8.18.

Große Brennessel

Sie ist fast in jeglicher Umgebung verbreitet, besonders aber in der Nähe menschlicher Siedlungen. Sie wird ein bis zwei Meter hoch und hat an allen Teilen zahlreiche Brennhaare, die beim Berühren einen starken Hautreiz verursachen. Beim Pflücken deshalb Handschuhe oder Tuch benutzen! Die unangenehme Funktion der Haare verschwindet jedoch beim Kochen. Die Brennessel läßt sich entweder zu Gemüse verarbeiten, indem wir die Blätter ähnlich wie Spinat zubereiten – in wenig Wasser aufkochen – oder zu einer schmackhaften Suppe aufbereiten. Siehe Abb. 8.19.

Ebenso geeignet sind Acker-Hellerkraut, Lauchhederich, Lindenblätter, Wald-Sauerklee, Blätter der Wald-Erdbeere und der Rotbuche.

Zur Verfeinerung unseres Wurzelgemüses oder eines Wildsalates lassen sich viele *Kräuter* verwenden. Wiesenkerbel, Wilder Sellerie oder Acker-Minze sind in unseren Breiten weitverbreitete Kräuterpflanzen, die wir frisch oder auch getrocknet verwenden können.

Die in Deutschland häufig vorkommenden *Beeren-* und *Obstsorten* wie Himbeeren, Brombeeren, Wald-Erdbeeren, Pflaumen, Birnen, Äpfel und Kirschen lassen sich ebenso wie Schwarze Johannisbeeren, Stachelbeeren, Heidelbeeren und verschiedene Moosbeeren ohne vorherige Zubereitung genießen. Auch Hagebutten können roh gegessen werden, sofern man die Samenkörner entfernt. Diese lassen sich zu Tee kochen, und das Fruchtfleisch kann auch als Mus verzehrt werden.

Einige schmackhafte Notrezepte

Birkenspaghetti

Wir entfernen die äußere Rinde der Birke und schälen die dünne, hellgelbe Innenrinde ab. Diese schneiden wir in lange, schmale Streifen und legen sie für eine Weile in kochendes Wasser. Wir erhalten ein spaghettiähnliches Gericht mit angenehm süßem Geschmack und relativ großem Nährwert. Die Rindenspaghetti lassen sich auch als Zugabe zur Brennesselsuppe oder Wildgemüse verwenden.

Moosbrot

Wir werfen Rentiermoos oder Islandmoos in kochendes Wasser und weichen es dann in frischem Wasser ein. Danach trocknen wir die Moosfladen und zerreiben sie in feines Mehl, aus dem wir eine Art Brot – Moosbrot – herstellen können.

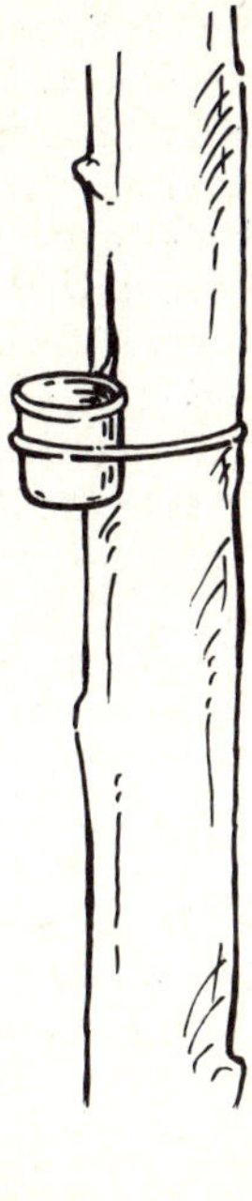

8.20

Seegrassuppe

Wir lassen eine Handvoll Seegras mit einem Liter Wasser mehrmals aufkochen und erhalten eine würzig schmeckende Suppe, die wir mit Fleisch, Birkenspaghetti oder Pilzen anreichern können. Seegrassuppe ist sehr reich an Mineralien und Vitaminen.

Birkenzucker

Wenn wir in der Wildnis nicht auf den gewohnten Zucker verzichten wollen, schneiden wir in einen jungen Birken- oder Ahornbaum eine zentimetertiefe, fußlange Wunde und befestigen dicht am Stamm ein kleines Gefäß. Spätestens nach 24 Stunden können wir eine kleine Menge Saft entnehmen. Diesen Saft kochen wir dann so lange auf, bis eine dickflüssige, zähe, gelbbraune Flüssigkeit entsteht.

Brennesseltee

Wenn wir die Blätter der Brennnessel trocknen und etwas verreiben, können sie wie Teeblätter aufgekocht werden. Brennesseltee schmeckt gut und ist sehr nahrhaft. Ein ähnliches Teegetränk können wir aus *Fichten-* oder *Tannennadeln* herstellen. Am besten nehmen wir dazu junge Triebe. Tannennadeln enthalten Vitamin A und mehr Vitamin C als Zitronen.

Tierische Nahrung

Tierische Nahrung erhalten wir nicht nur durch Jagen oder Fischen, sondern auch durch Sammeln von Schnecken, Muscheln und anderen Schalentieren. Auch Larven, Maden und Insekten (zum Beispiel Heuschrecken) haben bedeutenden Nährwert.

Die Wildnis kann einen recht abwechslungsreichen Speisezettel zaubern. Außer Seeschlangen sind fast alle Schlangen eßbar, selbst die giftigsten Exemplare unter ihnen. Wir müssen dabei nur auf den Kopf verzichten. Eier können wir sowohl roh wie gekocht oder gebraten zu uns nehmen, und bei Fischen heißt die Grundregel: Wir essen keinen Fisch, der uns auf irgendeine Art ungewöhnlich erscheint. In unseren Breiten können wir aber auch davon ausgehen, daß es fast keine ungenießbaren Fische gibt. Vorsicht ist aber in den tropischen Gewässern geboten.

Auf Kröten sollten wir allerdings selbst bei extremen Hungergefühlen verzichten, denn es handelt sich meist um ungenießbare Exemplare. Frösche, jedoch nur enthäutet, sind dagegen meist eßbar. Auch jagdbares Wild wie zum Beispiel Hasen und Kaninchen bieten sich häufig, bei etwas Geschicklichkeit, zur Anreicherung des Speiseplanes an.

Aber Vorsicht: Wer sich wochenlang nur allein von Hasen und Kaninchen oder nur von Vögeln oder Fischen ernährt, schadet sich mehr, als wenn er in dieser Zeit nur Flüssigkeit zu sich genommen hätte, denn das magere und fettarme Fleisch kostet den Körper wertvolle Kalorien. Ähnlich verhält es sich, wenn wir nur Pilze oder Beeren essen. Erst die Kombination mit anderer, fetthaltiger Nahrung ergibt vollwertige Mahlzeiten.

Schalentiere

Schalentieren müssen wir mit Vorsicht begegnen, da sie nicht immer genießbar sind. Wenn wir aber folgende Regeln beachten, werden sie eine Bereicherung unseres Nahrungsplanes darstellen.

1. Keine Schalentiere in der Nähe von Abwässern sammeln.
2. Gründlich mit sauberem Wasser reinigen.
3. Die Tiere müssen vor dem Kochen noch lebendig sein, da Schalentiere sich nach dem Tod schnell zersetzen und dann als Nahrungsmittel nicht mehr zu gebrauchen sind.

Bei Muscheln können wir feststellen, ob sie noch leben, indem wir versuchen, die Schalenklappe ein wenig zu öffnen. Eine noch genießbare Muschel läßt sich entweder gar nicht öffnen oder aber sie verschließt sich sofort wieder. Offene Muscheln sind für den Sammler auf alle Fälle ungenießbar. Auf Muscheln sollten wir in der Zeit von April bis Oktober verzichten, da sie in dieser Jahreszeit die giftigen Stoffe aus dem Meerwasser speichern.

Gemeine Strandschnecke
Sie kommt am Mittelmeer, den atlantischen Küsten Europas, an der Nordsee und der westlichen Ostsee vor. Wir finden sie auf Felsen oder Tang. Sie hat ein kurzkegliges Gehäuse mit abgesetzten Windungen und läuft etwas spitz zu. Normalerweise ist sie von dunkelgrauer bis bräunlicher Färbung. Das Herauslösen der Schnecke ist ein mühseliges Geschäft. Um sie zu genießen, müssen wir sie zuerst zehn bis zwölf Stunden in frisches Wasser legen und anschließend in kochendes Wasser werfen. Wenn wir sie dann nach zehn Minuten aus dem siedenden Wasser nehmen, entfernen wir, am besten mit einer spitzen Nadel, die kleine Klappe, durch die die Schnecke ihr Gehäuse verschließen kann, und angeln uns das Fleisch heraus.

Eßbare Herzmuschel
Die Herzmuschel wird bis zu fünf Zentimeter groß, hat stark gewölbte, gleichklappige Schalen, die schwach braun bis graublau gefärbt sind und strahlige Rippen vorweisen. Wir finden sie vorwiegend einige Zentimeter tief im Watt vergraben.
Wir spülen die Muscheln einige Stunden lang und legen sie dann in kochendes Wasser, wo sie innerhalb von wenigen Minuten gar und genießbar werden. Wenn wir sie dann noch rösten, stellt die eßbare Herzmuschel eine Delikatesse dar.

Miesmuschel
Miesmuscheln sind wohl die bekanntesten und am meisten verzehrten Schalentiere. Sie sind aber sehr mit Vorsicht zu genießen, da eine ausgewachsene Miesmuschel fast 60 Liter Meerwasser täglich durch ihren Körper pumpt. Somit ist die Gefahr der Aufnahme von Bakterien sehr groß. Wenn wir jedoch die erwähnte Sorgfalt walten lassen, geben sie eine schmackhafte Mahlzeit ab.

8.21 Gemeine Strandschnecke

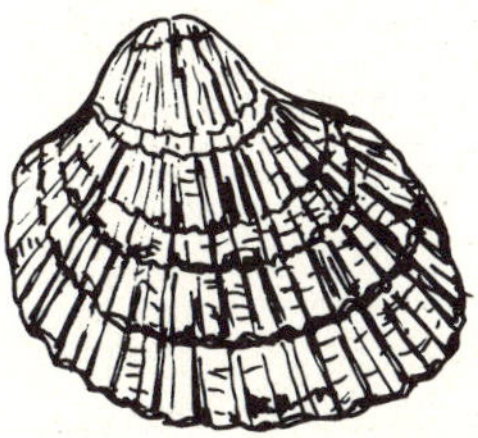
8.22 Eßbare Herzmuschel

8.23 Miesmuschel

Fischen

Wenn wir uns bei einem längeren Aufenthalt in der freien Natur nicht nur von pflanzlichen Nahrungsmitteln ernähren und auch keine Konserven mitnehmen wollen, dann müssen wir uns Fisch und Fleisch durch Jagen besorgen. Dies ist auch mit einfachem Gerät möglich.

Zum Fischen benötigen wir lediglich eine dünne Nylonschnur und einen Angelhaken, die wir als Ausrüstungsgegenstände mitführen. Wir verbinden die Nylonschnur mit dem Angelhaken und hängen etwa 30 Zentimeter über dem Angelhaken an die Nylonschnur einen Schwimmer aus einem kleinen Holzstückchen. Den Angelhaken versehen wir mit einem Köder und lassen ihn ins Wasser gleiten.

Als Köder eignen sich Regenwürmer und Asseln, die wir unter Steinen finden. Wir können darüber hinaus Würmer aus dem Erdreich locken, indem wir einen Stock in die Erde stecken und an diesem kräftig rütteln. Alle Würmer in unmittelbarer Umgebung des Stockes kommen dadurch an die Oberfläche und müssen nur noch eingesammelt werden. Siehe Abb. 8.24.

Angelgerät

Steht uns kein Angelhaken zur Verfügung, dann nehmen wir eine entsprechend gebogene Sicherheitsnadel oder aber Äste mit scharfen Verzweigungen. Sehr gut geeignet sind kleine Äste von Schlehenbüschen.

8.24

8.25 Sicherheitsnadel als Angelhaken

8.26 Astverzweigung als Angelhaken zurechtgeschnitzt

8.27 *Anfertigen eines Speers*

Eine andere Möglichkeit ist das Jagen der Fische nach Indianerart. Zu diesem Zweck fertigen wir einen Speer aus einem Stock an, der am unteren Ende eine Gabelung aufweist. Die Enden der Gabelung spitzen wir mit dem Messer an und härten sie im Feuer. Auf der Innenseite der Gabelung bringen wir dann noch Einkerbungen an, damit der Fisch, wenn er zwischen die Gabelung gerät, nicht so leicht entweichen kann.

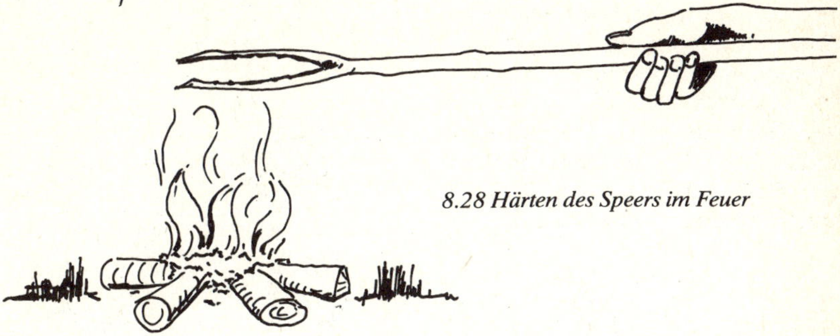

8.28 *Härten des Speers im Feuer*

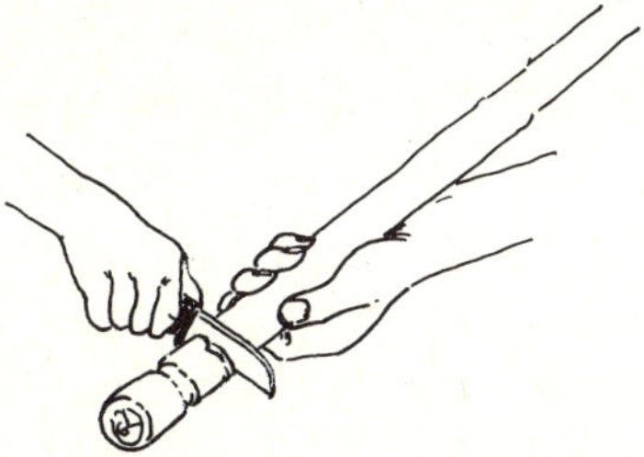

8.29 *Einkerben des Speers*

Den Fischspeer halten wir zum Jagen in das Wasser (nicht über die Wasserfläche) und stoßen, sobald ein Fisch in die Nähe des Speeres kommt, blitzschnell zu. Dabei versuchen wir, entweder den Fisch mit dem Speer zu durchbohren oder ihn bei flachen Gewässern zwischen die Gabelung zu bekommen und ihn am Boden zu arretieren. Eine weitere Möglichkeit ist, den Fisch mit einem

8.30 Mit dem Speer durchbohrter Fisch

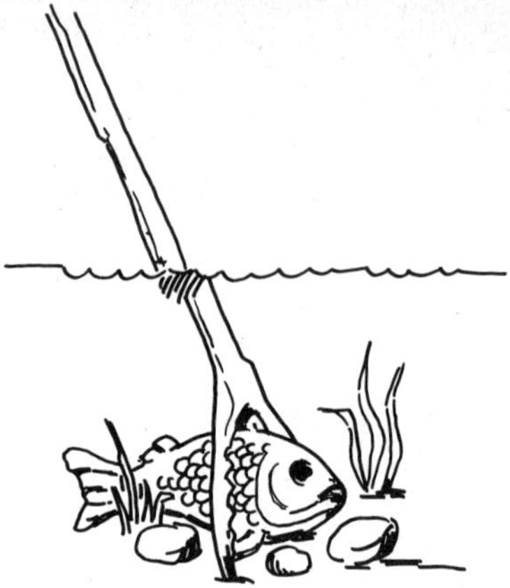

8.31 Mit dem Speer arretierter Fisch

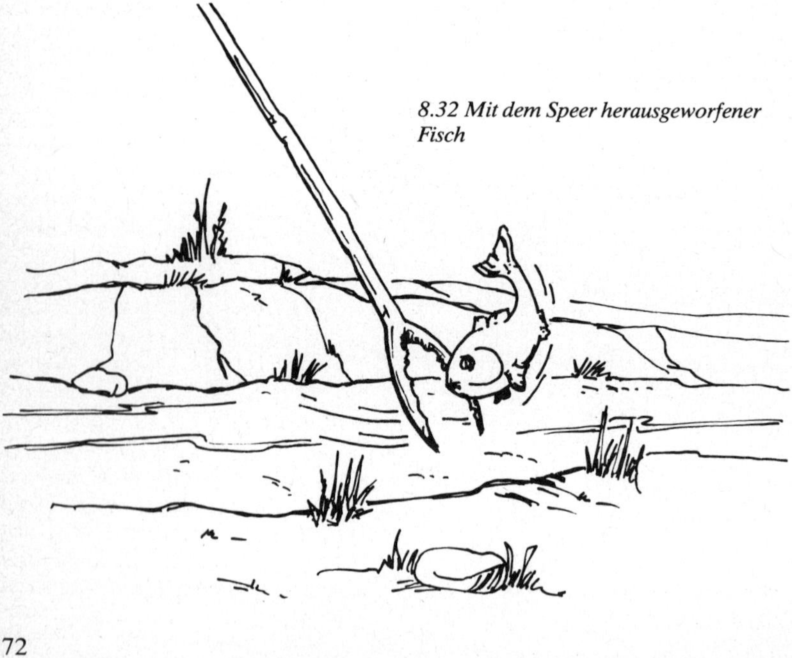

8.32 Mit dem Speer herausgeworfener Fisch

schnellen Schwung aus dem Wasser zu werfen. Hierbei sind jedoch nur sehr geschickte Jäger erfolgreich.
Beim Jagen mit dem Speer müssen wir berücksichtigen, daß das Wasser den Speer etwas verzerrt erscheinen läßt, wie es der tatsächlichen Lage nicht entspricht.

Die Fischfalle
Wollen wir diese sehr zeitraubende Methode nicht anwenden, so können wir in flachen Gewässern mit einer Fischfalle Beute machen. Erfolgreich sind wir dabei jedoch nur, wenn wir genau wissen, auf welchen Wegen sich die Fische bewegen. Geeignete Stellen sind oft Stromschnellen oder Zu- und Abläufe von Seen. Wir beobachten zunächst die Schwimmgewohnheiten der Fische und errichten an den von ihnen frequentierten Stellen eine Fischfalle aus Holzästen, wie sie in Abbildung 8.33 dargestellt ist. Die Fische schwimmen in die Falle hinein und finden nicht mehr zum Ausgang zurück.

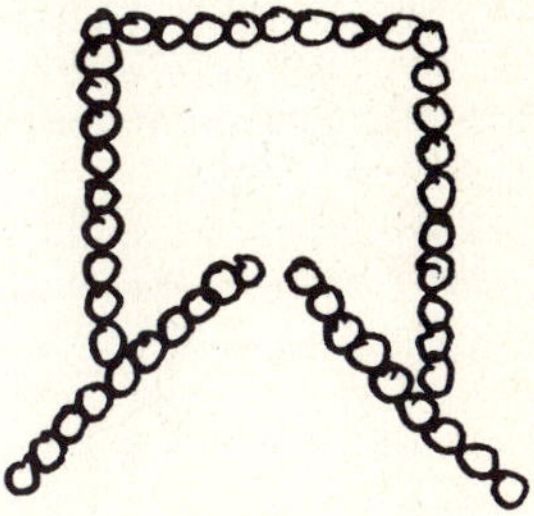

8.34 Bauprinzip der Fischfalle

8.33 Aufbau der Fischfalle

Wichtig ist dabei, daß die Äste mindestens mit der Wasseroberfläche abschließen oder diese leicht überragen. Sind nicht genug Äste vorhanden, so können wir die Falle mit Steinen errichten. Die Größe der Falle richtet sich nach der Art der zu fangenden Fische. Sie sollte jedoch mindestens einen halben Meter breit und einen Meter lang sein. Als Durchschlupfloch für die Fische genügen im allgemeinen zehn bis fünfzehn Zentimeter.

Der große Vorteil der Fischfalle besteht darin, daß die Fische nicht sofort entnommen werden müssen, sondern tagelang in dieser Falle leben und deshalb immer frisch verzehrt werden können.

Bevor wir die Fische grillen oder kochen, müssen sie geputzt werden. Zuerst schneiden wir die Bauchdekke auf, entfernen vorsichtig die Innereien und waschen den Fisch aus. Danach schaben wir die Schuppen mit einem Messer ab. Auf den Verzehr der Innereien verzichten wir, da sie häufig giftig sind. Durch Trocknen oder Räuchern können wir die Fische haltbar machen.

Jagen

Jagen kann man auch ohne Gewehr – mit Fallgrube und Schlinge. Als jagdbare Tiere kommen in erster Linie *Wildkaninchen* und *Rotwild* in Frage. Bevor wir mit beiden Techniken erfolgreich sein können, müssen wir zunächst herausfinden, welchen Weg die Tiere regelmäßig nehmen. Dies stellen wir am ehesten durch Beobachtung der Fuß- und Kotspuren fest. An diesen Stellen heben wir Fallgruben aus oder stellen Schlingen auf.

Die Fallgrube muß so tief ausgehoben werden, daß die abgestürzten Tiere nicht mehr herausspringen können. Die Wände müssen steil sein. Am besten stützen wir sie durch Pfähle ab. Über die Fallgrube legen wir Äste und Laub sowie Erde. Die Abdeckung darf sich nicht von der Umgebung unterscheiden.

Als Schlinge verwenden wir dünnen Draht oder Nylonschnüre, die wir in Kopfhöhe der Tiere an Wildwechselstellen aufhängen. Die Schlingen müssen durch kleine Äste oder Halme offengehalten werden. Der Durchmesser der Schlinge muß der gewünschten Beute angemessen sein. Für ein Kaninchen sollte er zehn bis zwölf Zentimeter betragen.

Das Ausnehmen eines erlegten Tieres geschieht folgendermaßen:

1. Das Tier wird an den Hinterbeinen aufgehängt.
2. Die Kehle wird aufgeschnitten, damit das Tier ausbluten kann.
3. Das Fell vorsichtig der Länge nach sowie entlang der Schenkel aufschneiden.
4. Nach dem Abtrennen der Hinterläufe läßt sich das Fell abziehen.
5. Die Bauchdecke öffnen und die Innereien vorsichtig entfernen.

Von einem erlegten Tier läßt sich nicht nur das Fleisch als Nahrung

8.35 Bauprinzip der Fallgrube

8.36 Die Befestigung der Hasenschlinge an einem Ast

8.37 Die Befestigung der Hasenschlinge an zwei Baumstämmen

verwerten. Die Knochen sollten wir nicht einfach wegwerfen. Sie enthalten nahrhaftes Mark. Außerdem kann man damit gute Suppen herstellen. Auch das nährstoffreiche Blut der Tiere kann verwendet werden. Die Innereien vor dem Verzehr genau prüfen. Zeigen sie Verfärbungen oder Zysten, verzichten wir auf sie.

Neben Kaninchen und Hasen kommen auch Wildenten, Igel und Frösche als jagdbare Tiere in Frage.

Wildenten können wir am ehesten im See fangen. Wir tarnen uns mit einem Grasbüschel und schwimmen (gegen Windrichtung) langsam auf die Entengruppe zu. Sobald wir bis auf Armnähe herangekommen sind, fassen wir blitzschnell zu. Für Enten gilt wie für alle Vogelarten, daß sie gerupft nahrhafter sind als völlig enthäutet.

Igel sind relativ leicht zu fangen. Sie halten sich meist in der Nähe von Laubbäumen auf und gehen nachts auf Jagd. Mit einem Stockschlag können wir sie töten. Das Fleisch der Igel ist wohlschmeckend und sehr nahrhaft.

Frösche halten sich meist in stehenden Gewässern (Tümpel) auf. Wir können sie nachts mit einer Lichtquelle anlocken und dann mit der Hand fangen. Vor dem Zubereiten müssen wir den Fröschen die Haut abziehen. Sie kann giftig sein. *Kröten* sind nicht genießbar!

Es würde sicher einige Bände füllen, wollten wir jede Pflanze und jedes Tier aufführen, die zum Verzehr geeignet sind. Aber auch schon der kleine Exkurs macht deutlich, daß die freie Natur ein breitgefächertes Nahrungsangebot bereithält. Wer eine Survival-Tour plant, sollte sich rechtzeitig über die im dafür gewählten Gebiet vorhandene Flora und Fauna informieren. Denn besonders die Vegetation kann zwischen Nord- und Südeuropa stark variieren.

Auch sollte man sichere und häufig vorkommende Arten für die Ernährung in der Natur vorsehen und sich genau über jeweils geltende gesetzliche Bestimmungen informieren.

9 Wasserversorgung

In unbekanntem Gelände haben wir häufig Schwierigkeiten, Trinkwasser zu finden, zumal viele Wasserstellen untrinkbares oder stark verschmutztes Wasser führen. Dennoch gibt es auch dort eine Reihe von Möglichkeiten, zu Trinkwasser zu kommen. Dabei sollten wir folgende Grundregeln beachten:

1. Wir trinken niemals unangenehm riechendes oder unangenehm schmeckendes Wasser.
2. Wir trinken niemals Wasser, in dem wir tote Tiere finden.
3. Wir trinken auch kein Wasser, das an der Oberfläche einen öligen oder milchigen Film aufweist.

Als Trinkwasser geeignet und ungefährlich ist *Regenwasser.* Wir können Regenwasser auf einfache Weise gewinnen, indem wir bei Regen saubere Eßtöpfe aufstellen und damit das Wasser auffangen. Relativ ungefährlich ist auch *klares Quellwasser* und *Wasser aus sandigen, klaren Wasserläufen.*

Sicherheitshalber sollten wir dieses Wasser aber vor dem Trinken mindestens 20 Minuten kochen lassen. Diese Regel gilt auch für jede andere aufbereitete Wasserart. In manchen Büchern wird empfohlen, das Wasser mit Chlor- und Jodtabletten zu desinfizieren. Da diese Methode nicht ganz sicher ist, sollte sie wirklich nur in Notfällen angewandt werden. Als Faustregel gilt dann: zwei Chlortabletten auf einen Liter Wasser oder eine Jodtablette (ca. acht Milligramm Jod) auf einen Liter Wasser.

Trübes Wasser lassen wir über Nacht stehen. Die Schmutzpartikel setzen sich in dieser Zeit am Boden ab. Am nächsten Morgen können wir das saubere Wasser vorsichtig abschöpfen und abkochen.

9.1 Die Entnahme von Flußwasser aus einer Grube

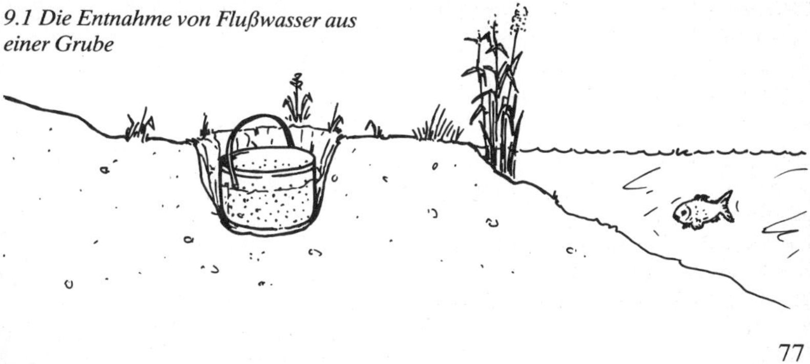

Sind diese relativ sauberen Wasserarten nicht vorhanden, können wir auch *Flußwasser* aufbereiten. Wir graben dazu am besten dicht neben dem Fluß eine Grube, die unterhalb des Flußwasserspiegels liegt, und stellen in diese Grube eine im oberen Teil durchlöcherte Büchse oder ein Kochgeschirr. Nach kurzer Zeit wird in die Grube Flußwasser einsickern, das wir dann mit Hilfe des Topfes der Grube entnehmen.

Zur weiteren Reinigung filtern wir das so gewonnene Wasser auf folgende Weise. Wir füllen einen Behälter, der im Boden einen Auslauf hat, mit

- einer zehn Zentimeter dicken Kiesschicht,
- einer 30 bis 40 Zentimeter dicken Sandschicht,
- einem ausgebreiteten Taschentuch,
- einer zehn Zentimeter dicken Kiesschicht,
- einer 30 Zentimeter dicken Sandschicht,
- einer zehn Zentimeter dicken Kiesschicht,
- einem zweiten Taschentuch, das wir oben auflegen.

Unter den Auslauf des Behälters stellen wir einen Topf. Das Flußwasser lassen wir von oben durch die verschiedenen Schichten sickern. Vom Schmutz relativ gut gereinigt, kommt das Wasser zum Auslauf heraus und fließt in den bereitstehenden Behälter. Da durch das Filtern eventuell vorhandene Krankheitskeime nicht beseitigt worden sind, müssen wir das Wasser vor dem Trinken kochen.

Ist weder Quell- noch fließendes Wasser vorhanden, bzw. sind die vorhandenen Flußbetten ausge-

9.2 Filtersystem für Flußwasser

9.3 An den Außenseiten des ausgetrockneten Flußbettes versuchen wir, nach Wasser zu graben

trocknet, dann müssen wir nach Wasser graben. Wir tun dies an den noch feuchten Flußstellen bzw. an den Außenseiten von Flußbiegungen.

Ebenfalls zum Trinken geeignet ist *Tau.* Allerdings ist diese Wassergewinnung etwas kompliziert. Wir müssen hierzu eine etwa 50 Zentimeter tiefe Erdmulde ausheben. In diese Mulde müssen wir einen Topf stellen und die Erdmulde mit einer Plastikfolie, einer Zeltplane oder einem Anorak so überdecken, daß

9.4 Gewinnung von Trinkwasser aus Tau

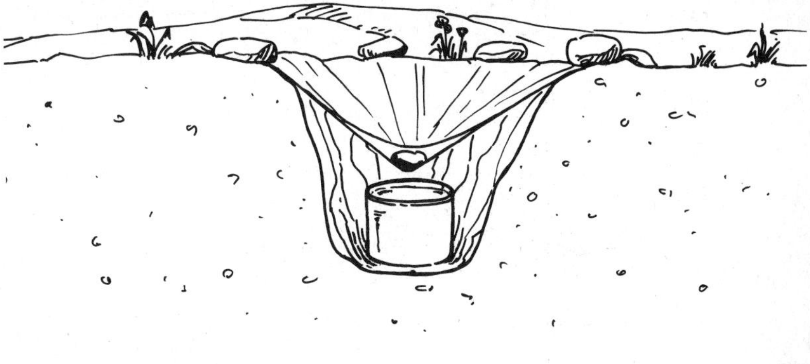

daraus eine Rinne entsteht, die den anfallenden Tau in den Topf ableitet.
Trinkbare Flüssigkeit können wir, besonders im Frühjahr, auch aus *Bäumen* gewinnen. Wir kerben zu diesem Zwecke in die Rinde von Birken, Ahorn oder Linden eine ein Zentimeter tiefe und etwa 30 Zentimeter lange Furche ein und hängen an den Stamm, dort wo die Furche endet, ein Gefäß auf. Über Nacht wird sich dieses Gefäß mit Saft füllen, den wir ohne zu kochen trinken können. Siehe Abb. 8.20. Durch die Einschnitte nehmen die Bäume keinen Schaden. Die Baumwunden vernarben nach einigen Tagen. Allerdings dürfen wir auch nicht mehr als eine Kerbe in einen Baum machen.
Meerwasser trinken wir auf keinen Fall. Durch seinen hohen Salzgehalt wird der Durst nur noch erhöht.
Sind wir im Winter unterwegs, bieten *Schnee* und *Eis* Möglichkeiten der Trinkwassergewinnung. In dieser Jahreszeit liegt daher die Priorität bei der weniger einfachen Nahrungsversorgung.

10 Wetterbeobachtung

Bei unseren Planungsvorbereitungen können und sollen regionale Wetterauskünfte berücksichtigt werden. Vor dem Abmarsch holen wir beim zuständigen Wetteramt Informationen über Wetterlage und -tendenzen im vorgesehenen Wandergebiet ein. Aber bei einer einwöchigen Tour kann man mit solchen Voraussagen nicht auskommen. Wir müssen in der Lage sein, die wesentlichen Wetteränderungen rechtzeitig zu erkennen. Dies gilt natürlich in besonderem Maße für sich formierende Unwetter.

Wolkenformationen

Die Beobachtung der Wolken ist die beste Methode, ohne Hilfsmittel die Wetterentwicklung abzuschätzen. Obwohl der Formenreichtum der Wolken groß ist, lassen sich doch prinzipiell zehn verschiedene Arten unterscheiden.

Wolken mit einer Untergrenze über 5000 Meter (Hohe Wolken)

Cirrus
Faseriges, oft auch schleierartiges Aussehen (Eiswolken, Federwolken).
Jede beobachtete Verdichtung der Federwolken zu einer Cirrostratusschicht deutet auf das mehr oder minder rasche Näherkommen einer Warmfront mit Niederschlägen hin. Auch beim schnellen Aufkommen von Federwolken in Verbindung mit dicht horizontal gereihten Cumuluswolken ist mit heftigen Niederschlägen und eventuellen Frontgewittern zu rechnen.

Cirrocumulus
Eiswolken, kleine Quellwolken (Schäfchenwolken). Unterschiedliche Bedeutung für die Wetterentwicklung.

Cirrostratus
Schleierartige Schichtwolken, Eiswolken. Mit ihrem Aufzug kündigt sich häufig die Warmfront eines Tiefs an.

Wolken mit einer Untergrenze bei 2500 Meter (Mittelhohe Wolken)

Altostratus
Graue Schichtwolken aus Eis und Wasser. Sie haben unterschiedliche Bedeutung für die Wetterentwicklung.

Altocumulus
Überwiegend aus Wasser bestehende Haufenwolken. Sie sind oft bandartig am Himmel angeordnet und kennzeichnen veränderliches Wetter.

12 km
Durchschnittliche Höhen der Wolken
11 km
10 km
9 km
8 km
Cirrus
(Federwolke) ⑩
7 km
Cirrostratus
(Schleierwolke) ⑨
6 km
⑧ Cirrocumulus
(Schäfchenwolke)
5 km
④ Cumulonimbus
(Gewitterwolke)
4 km
Altocumulus
(grobe Schäfchenw.) ⑦
3 km
Altostratus
⑥ (hohe Schichtwolke)
③ Cumulus
(Haufenwolke)
2 km
⑤ Stratocumulus
(Schichthaufenw.)
1 km
Nimbostratus
(Regenwolke) ②
0 km
Stratus
(Schichtwolke) ①
Schichtwolken
Quellwolken

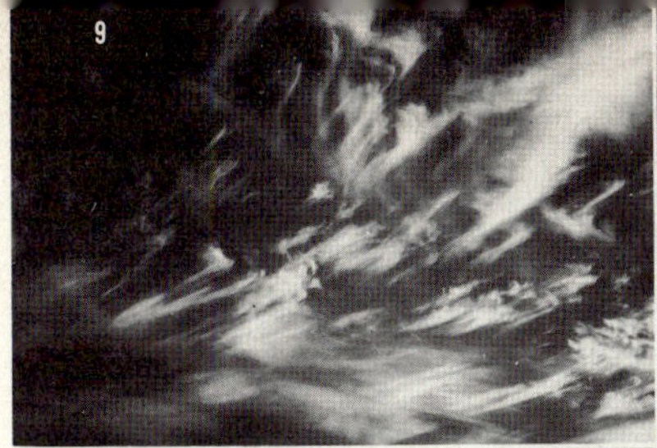
9

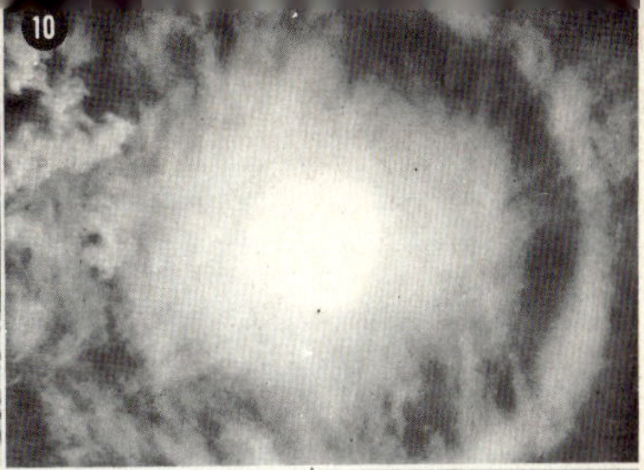
10

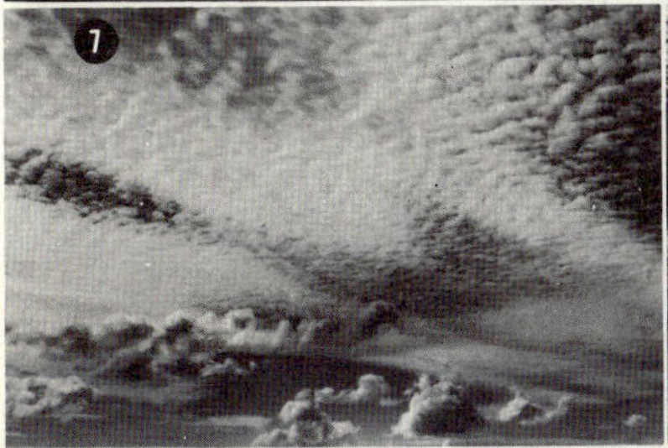
7

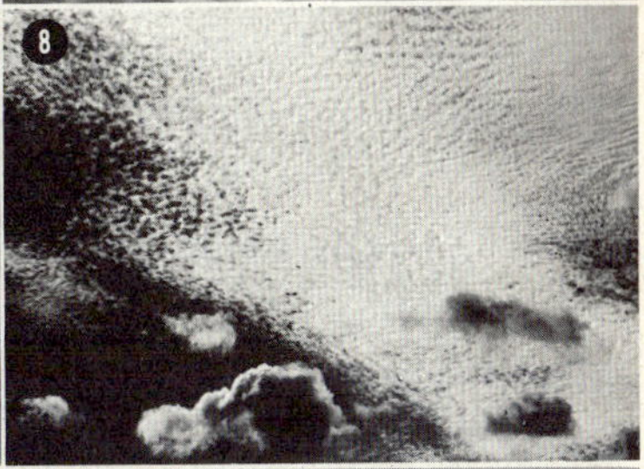
8

5

6

3

4

1

2

Die wichtigsten Symbole der Wetterkarte

Bezeichnung von Lufterscheinungen (Wolken ausgenommen)

- Sichtweite durch Rauch vermindert
- Dunst (trocken)
- Nebel
- Blitz/Wetterleuchten
- Gewitter
- Schneetreiben
- Niederschlag in der Umgebung
- starker Dunst (feucht)
- Niesel (Sprühregen)
- Regen
- starker Regen
- Schneefall
- starker Schneefall
- Regenankündigung
- Schneeankündigung
- Ankündigung von Hagel oder Graupel

Bezeichnung der Windstärken

- schwacher Wind
- mittlere Windstärke
- starker Wind
- Sturm

Bezeichnung der Bedeckung

- klarer Himmel
- wenig bewölkt
- veränderlich
- fast bedeckt
- bedeckt
- Gewitterhimmel

Nimbostratus
Dichte Schichtwolken aus Eis und Wasser. Aus Altostratus entwickelte Regenwolken. Sie sind häufig von Quellwolken durchsetzt.

Wolken mit einer Untergrenze unter 2500 Meter (tiefe Wolken)

Stratocumulus
Haufenschichtwolken, die aus Wasser bestehen. Trotz oft bedrohlichem Aussehen und weiter Ausbreitung am Himmel bringt diese Wolkenformation meist keinen Regen.

Stratus
Schichtwolken, die aus Wasser bestehen. Kaum Strukturen. Die typisch konturenlosen Regenwolken. Oft noch darunter Wolkenfetzen in Berg- und Bodennähe.

Cumulus
Haufen- oder Quellwolken, die aus Wasser bestehen. Eine Auftürmung über 2500 Meter ist möglich. Die locker verteilten Quellwolken sind Schönwetterwolken.

Cumulonimbus
Aus Wasser bestehende große Haufenwolken. Oft mit einer Eiskappe in der Höhe. Auch diese Wolkenart kann sich bis über 10 Kilometer und mehr in der Höhe auftürmen. Regen-, Schauer- und Gewitterwolken. Mit Hagel und Sturmböen muß gerechnet werden.

Der Umgang mit dem Dosenbarometer

Den gefährlichsten Wettersituationen sind wir wohl im Hochgebirge ausgesetzt. Das Wetter schlägt hier selbst im Hochsommer oft unheimlich schnell von herrlichem Sonnenschein in Unwetter mit Regen und oft Schnee und Nebel um. Der Schweizer Alpen-Club hat daher 12 Regeln angegeben, die uns bei unseren Wetterprognosen sehr behilflich sein können. Wir benutzen dazu das Dosenbarometer aus der Minimalausrüstung.

1. Steigt der Luftdruck innerhalb weniger Stunden stark (vier bis sechs Millimeter), so ist eine eintretende Aufheiterung nur von kurzer Dauer.
2. Steigt der Druck im Laufe eines Tages stark, so ist schönes Wetter zu erwarten, dessen Dauer im Verhältnis zu der des Steigens steht. Steigt der Druck nur einen Tag lang, so ist die Dauer des guten Wetters auch nicht viel länger.
3. Geht das Steigen langsam, gleichmäßig und andauernd vor sich (zwei oder mehrere Tage), so ist eine längere Trockenwetterzeit in Sicht. Dreht sich gleichzeitig der Wind von West nach Nord, so ist baldige Aufklärung zu erwarten.
4. Bei ausgesprochenem Steigen des Druckes ist dann auf Besserung zu rechnen, wenn der zuvor aus Süd und nachher aus

West kommende Wind sich weiter dreht, bis er aus Nordost kommt.

5. Erreicht das Barometer bei Windstille und großer Luftfeuchtigkeit einen ungewöhnlich hohen Stand, so ist mit Nebelbildung zu rechnen, der aber meistens helles Wetter folgen wird.
6. Steigt der Druck rasch und ruckweise, fällt er dazwischen aber mehrfach ein wenig, so stellt sich gewöhnlich unbeständiges Wetter ein. Genau so bei raschem und ruckweisem Fallen, das von kurzen Steigungen unterbrochen ist.
7. Bei fallendem Druck kann man sicher mit Niederschlag rechnen, wenn gleichzeitig der Wind von Nord oder Ost nach Süd oder Südwest umspringt, falls nicht der Föhn dazwischenspielt!
8. Langes und anhaltendes Fallen deutet auf langanhaltende Niederschläge; je länger das Fallen, um so dauerhafter der Niederschlag. Geht das Fallen ungewöhnlich schnell (und tief) vor sich, so ist mit Niederschlägen und starkem Wind zu rechnen.
9. Rasches, wenn auch nicht tiefes Fallen bei Windstille und großer Wärme (besonders stark ausgeprägt bei anhaltender und zunehmender Luftfeuchtigkeit im Sommer) läßt ein Gewitter erwarten.
10. Mit großer Sicherheit ist mit baldigem Regen zu rechnen, wenn der Fall in der Zeit zwischen 10.30 bis 11.30 Uhr des Morgens fortdauert. Bei westlichen Winden tritt der Regen dann meistens schon innerhalb der nächsten 24 Stunden ein; bei östlichen Winden ein wenig später.
11. Steigt der Druck des Nachmittags, wenn auch nur wenig, so kommt doch in den meisten Fällen Aufheiterung, die aber in der Regel nicht lange andauert.
12. Fällt der Druck der Nachmittagstunden, aber nur wenig, so hat dies, vor allen Dingen im Sommer, wenig zu bedeuten. Dieser Nachmittagsabfall gehört zum „täglichen Druckgang“ und ist die Folge der Lufterwärmung.

11 Verhalten bei Unwetter

Geraten wir nun trotz aller umsichtigen Planung und exakten Wetterbeobachtung in Notsituationen, gilt als wichtigste Regel: Ruhig bleiben und mit Verstand Lösungsmöglichkeiten suchen. Zunächst bleiben wir stehen, denn selbst ein sonst leicht begehbarer Pfad kann bei Unwetter gefährlich werden.

Behelfsmäßiger Unterschlupf

Hält das Unwetter länger an und wir sind gezwungen, uns einen Unterschlupf zu suchen oder zu bauen, so hilft in vielen Fällen die natürliche Beschaffenheit des Geländes. Im Wurzelwerk eines dicken Baumes, hinter einem Holzstoß am Waldweg, in einem Felsspalt oder Überhang und den natürlichen Ein-

11.1

11.2

11.3 Stockzelt

11.4 Wurzeliglu. Die zusammengebundenen Triebe werden mit Laub und Ästen bedeckt

schnitten des Geländes hat schon mancher Wanderer das schlimmste Unwetter heil überstanden. Siehe Abb. 11.1 und 11.2.

Auch ein Stockzelt läßt sich schnell errichten, wenn wir ein paar Stöcke schräg gegen einen gefällten Baum stellen und mit dicken Zweigen abdecken.

Unter großen, dichten Nadelbäumen finden wir meist einen isolierenden, trockenen Nadelteppich, und die größeren Zweige, die fast den Erdboden erreichen, lassen sich hervorragend zu einem Dach herrichten.

Baumstümpfe sind häufig von Wurzeltrieben umrankt, die sich mühelos zu einem igluartigen Dach zusammenbinden lassen. Legen wir Zweige oder eine Zeltbahn darüber, sind wir bei einem Unwetter geschützt.

Schutz vor Blitzen

Bei starken Gewittern kümmern wir uns zuerst um Schutz vor Blitzen. Um den Blitz nicht anzuziehen, müssen wir folgende Regeln beachten:

- Nicht unter alleinstehenden Bäumen aufhalten.
- Nicht im oder nahe am Wasser bleiben.
- Unter eine aluminiumbeschichtete Folie oder in ein aluminiumbeschichtetes Zelt kriechen. Beide bilden einen sogenannten *Faradayschen Käfig*. Dabei darf allerdings kein Körperteil herausschauen und man darf sich nicht an der Zeltstange festhalten.
- Befindet man sich auf freiem Feld, legt man sich auf den Boden und zieht Arme und Beine an.
- Am sichersten ist der Aufenthalt in einem dichten Wald.

12 Internationale Notsignale

Auch der Spezialist für unbekanntes Gelände kann sich verirren oder in Not geraten. Passiert uns in einer fremden Landschaft dieses Mißgeschick, dann heißt es zunächst: Klaren Kopf bewahren und den Standort und alle weiteren Schritte, die wir tun, markieren. Als *Markierung* legen wir Holzstöckchen oder Steine in Pfeilform auf den Weg. Mit unserem Messer können wir außerdem Pfeile in die Baumrinden einkerben.

Rauch- und Blinksignale

Um die Außenwelt von unserer Situation in Kenntnis zu setzen, senden wir Notsignale aus. Auf einer Waldlichtung oder einer Anhöhe legen wir als erstes in Kreuzform unsere *Kleidungsstücke* aus.

Neben den ausgelegten Kleidungsstücken errichten wir ein Feuer, mit dem wir *Rauchzeichen* geben. Das Feuer muß möglichst stark rauchen. Dies erreichen wir, indem wir feuchtes Moos oder grüne Zweige auflegen. Mit einer Decke oder einem Anorak unterbrechen wir die Rauchentwicklung in kurzen Abständen und erreichen so Rauchwolken, die auffallen.

Wenn wir Kiefernharz zur Verfügung haben, können wir durch farblich unterschiedliche Rauchent-

12.1 Erstes Notsignal: Wir legen nicht benötigte Kleidungsstücke in Kreuzform aus

wicklung SOS-Signale aussenden. Kiefernharz erzeugt ganz dunklen Rauch. Einige Wasserspritzer lassen sofort schneeweißen Rauch aufsteigen. Mit der Decke unterbrechen wir wieder die Rauchwolken. Für das SOS-Zeichen benötigen wir eine Folge von drei weißen Rauchwolken, drei dunklen Rauchwolken und drei weißen Rauchwolken.

Nachts können wir, wenn uns Flugzeuge überfliegen, mit einer *Taschenlampe* oder einem stark brennenden Feuer SOS-Signale senden. Dabei wird das Feuer mit einer Decke dreimal kurz, dreimal lang, dreimal kurz abgedeckt. Bei Sonneneinfall können wir die gleichen Signale auch mit einem *Spiegel* senden.

Hat ein Pilot unsere Signale erkannt, müssen wir folgendes bedenken. Unsere Hilfesuche sollte sich im angemessenen Rahmen halten. Haben wir die Orientierung verloren, bitten wir nur um Angabe der Marschrichtung. Plagen uns Zahnschmerzen, können wir nicht gleich um ärztliche Betreuung bitten. Nur wenn der Weitermarsch wirklich wegen schwerer Verletzung oder drohender Gefahr unmöglich ist,

12.2 Mit Rauchwolken können wir SOS-Signale geben

12.3 Notsignale mit der Taschenlampe

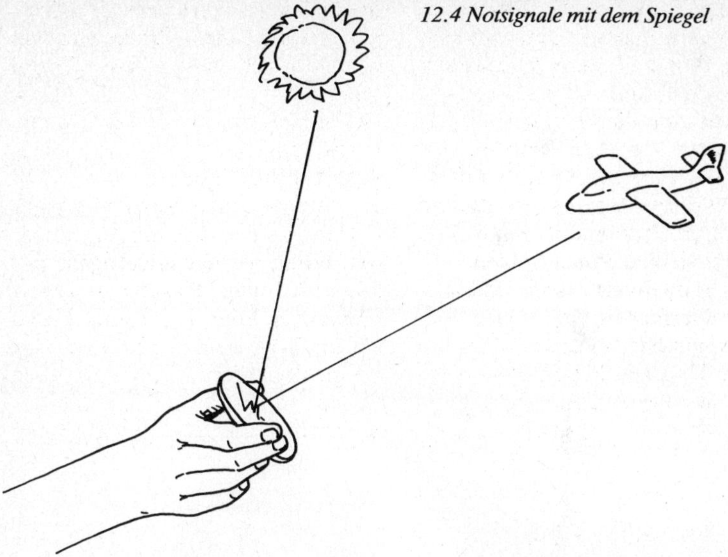

lassen wir uns befreien. Denn sowohl der Einsatz eines Hubschraubers, der in der Lage ist zu landen, wie das Abspringen eines Arztes mit dem Fallschirm sind aufwendig, teuer und nur in wirklichen Notfällen gerechtfertigt.

Signalaustausch mit Piloten

Sobald der Pilot uns verstanden hat, gibt er dies durch Wackeln mit den Tragflächen bekannt. Wir können uns dann durch weitere Zeichen mit dem Flugzeugführer verständigen. International bekannt sind folgende Zeichen:

Flugzeug	
Mit den Flügeln wackeln oder mit grünem Bordlicht blinken	= verstanden
Zickzack oder im Kreis fliegen oder mit dem roten Bordlicht blinken	= nicht verstanden
Mit den Flügeln wackeln und ca. 100 m in einer Richtung fliegen	= in dieser Richtung ist Hilfe

Hilfesuchender

N	Nein
Y	Ja
JL	Nicht verstanden
Δ	Möglicher Landeplatz
I	Benötige Arzt/ Ernste Verletzung
II	Brauche Medikamente
X	kann nicht weiter
□	Brauche Karte und Kompaß
K	Bitte Marschrichtung angeben
F	Brauche Nahrung und Wasser
︾	Brauche Waffen und Munition

Die Signale werden in einer Länge von zwei bis drei Metern mit Holz, Steinen, Stoff und anderem Material ausgelegt. Sie sollten in möglichst starkem Kontrast zum Untergrund stehen. Falls wir mehrere Zeichen auslegen müssen, sollte ihr Abstand voneinander mindestens drei Meter betragen.

Handzeichen

International bekannte Handzeichen für Notsituationen zeigt die Übersicht auf Seite 95.

Alpines Notsignal

Das internationale alpine Notsignal besteht aus sechs beliebigen Zeichen in etwa einer Minute. Das heißt, mit sechs Pfiffen, Rufen oder Handzeichen können wir eindeutig unsere Notlage anzeigen. Erkennt ein Helfer diese Signale, sendet er ebenfalls ein beliebiges Signal, aber dreimal pro Minute, zurück.

Morsezeichen

Außer mit den oben genannten Zeichen können wir uns noch mit Hilfe des Morsealphabets optisch oder akustisch verständigen. Da wir im allgemeinen in Notsituationen keine Funkausrüstung dabeihaben, benutzen wir zur Verständigung eine Taschenlampe oder einen Spiegel. Die Zeichen des Alphabets zeigt die Tabelle auf Seite 96. Punkte werden kurz und Striche lang geblinkt. Das Wort *ja* hat z. B. folgende Blinkzeichen: kurz, lang, lang, lang, Pause, kurz, lang.

Die Worte neben den Zeichen sollen das Einprägen erleichtern. Sie sind in Silben zu zergliedern. Jede Silbe bedeutet ein Zeichen. Die Silben mit einem o bedeuten lange Zeichen, Silben ohne o kurze Zeichen.

12.5

Nein

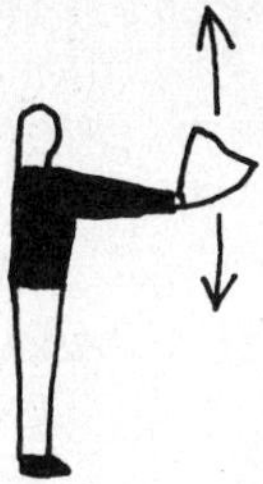

Ja

Alles o.k.

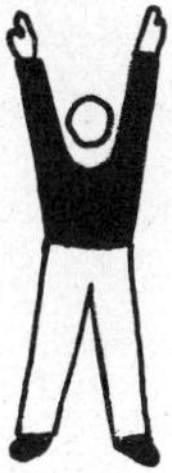

Holen Sie uns ab!

Landen Sie in dieser Richtung!

Hier nicht landen!

Ich kann bald weiter!

Werfen Sie Nachricht ab!

Mein Funkgerät ist in Ordnung!

Ich benötige technische Hilfe!

Ich brauche ärztliche Hilfe!

Morsetabelle

a	· —	Atóm	u	· · —	Unifórm
b	— · · ·	Bóhnenkaffee	v	· · · —	Versammlungsórt
c	— · — ·	Cóburg-Gótha	w	· — —	Windmótór
d	— · ·	Dónnerstag	x	— · · —	Xónthippentód
e	·	Elch	y	— · — —	Yórker Kóhlkópf
f	· · — ·	Friedrichsróda	z	— — · ·	Zórndórf ist weg
g	— — ·	Gómórrha	ä	· — · —	Äsóp ist tót
h	· · · ·	helle Freude	ö	— — — ·	Ökónómie
i	· ·	Insel	ü	· · — —	Überpórtó
j	· — — —	Jessó Hóndó	ch	— — — —	Chlórófórmpótt
k	— · —	Klósterhóf	1	· — — — —	
l	· — · ·	Leónidas	2	· · — — —	
m	— —	Móttó	3	· · · — —	
n	— ·	Nórden	4	· · · · —	
o	— — —	Opórtó	5	· · · · ·	
p	· — — ·	per Mótórrad	6	— · · · ·	
q	— — · —	Quónhólzer Mórd	7	— — · · ·	
r	· — ·	Revólver	8	— — — · ·	
s	· · ·	Satanas	9	— — — — ·	
t	—	Tód	0	— — — — —	

13 Erste Hilfe

„Vorbeugen ist immer der beste Arzt". Diese alte Volksweisheit sollte stets die Devise für alle Survival-Situationen sein. Immer möglichst sinnvoll und überlegt handeln und auf tollkühne und leichtsinnige Aktionen verzichten.
Trotzdem ist es sicher sehr leichtsinnig, bei der Vorbereitung die Erste Hilfe zu vernachlässigen. Grundsätzlich sollte jeder Teilnehmer für die grundlegenden Hilfsmaßnahmen ausgebildet sein. Aber wie im Alltag, so gilt auch in Survival-Situationen für alle Verletzungen: Wenn möglich, sofort einen Arzt aufsuchen!
Selbstverständlich gibt es Situationen, in denen kein Arzt erreichbar ist und die bekannten Erste-Hilfe-Informationen ergänzungsbedürftig werden. Dabei wird deutlich, daß die Erste-Hilfe-Packungen auf die speziellen Ansprüche des Überlebens-Trainings abgestimmt werden müssen. Diese Abstimmung ist am effektivsten, wenn ein Arzt der entsprechenden Region oder des jeweiligen Landes zu Rate gezogen wird.

Die Ausrüstung

Auf jeden Fall sollten folgende Teile zur Grundausrüstung gehören:

- Klebepflaster
- Mullbinden
- Schere und Pinzette
- fiebersenkende Medikamente
- bruchsicheres Fieberthermometer
- Sonnenschutzcreme
- Brandsalbe und Brandwundenverband
- blutstillende Watte
- Abführmittel
- Dreieckstücher
- schmerzstillende Arznei
- Gummistrang zum Abbinden
- Schnur zum Anfertigen von Tragen
- eventuell: Seren gegen Schlangengift und Injektionsspritze

Die Hilfeleistungen

Die besten Medikamente nützen natürlich nichts oder nur wenig, wenn man keine oder nur geringe Kenntnisse über Art und Umfang ihrer Anwendung hat. Im folgenden versuchen wir auf Hilfeleistungen hinzuweisen, die notwendig werden können, wenn kein Arzt erreichbar ist.

Wundverbände

Jeder Verband soll aus einer keimfreien Auflage und der Befestigung bestehen. Je größer die Wunde und je größer die Blutung, desto dicker die Wundauflage.

Kopfverband
Eine Wundauflage auf die Wunde legen und mit dem Dreieckstuch einen Verband wie in Abb. 13.1 anlegen. Die Enden im Bereich der Stirn verknoten.

Handverband
Wundauflage. Dann einen Verband wie in Abb. 13.2. Die beiden Enden wickeln wir um das Handgelenk und verknoten an der Oberseite.

Armverband
Wundauflage. Wir beginnen den Verband wie in Abb. 13.3, ziehen am herunterhängenden Ende gestrafft mehrmals in Richtung Schulter und winden dabei das Tuch um den Arm. Das andere Ende wickeln wir in die entgegengesetzte Richtung und verknoten beide Enden am Oberarm.

Unterschenkelverband
Wundauflage. Weiter wie in Abb. 13.4 analog zum Armverband.

Fußverband
Fersenverletzung: Wir stellen den Fuß wie in Abb. 13.5 auf das Tuch und schlagen die Tuchspitzen über die Ferse zur Wade hoch. Dabei soll der Verletzte die Spitze festhalten. Die Enden kreuzen wir über dem Fußrücken und knoten um das Fußgelenk.

Vorfußverband
Wundauflage. Verband wie Abb. 13.6 durchführen. Die Enden um das Fußgelenk wickeln.

Knieverband
Wundauflage. Den Verband führen wir wie in Abb. 13.7 durch und verknoten die beiden Enden auf dem Oberschenkel, nachdem wir sie in der Kniekehle kreuzten.

Wundblutungen
Starke Blutungen müssen ohne Rücksicht auf Schmerzen und Keimfreiheit unverzüglich zum Stehen gebracht werden. Den Verletzten bringen wir dabei sofort in die Liegeposition und versuchen, das betroffene Körperteil hochzulagern. Die Wunde versuchen wir dabei mit einem Kleidungsstück oder einem sauberen Taschentuch, eventuell auch mit der Hand, so lange festzuhalten, bis die Blutung steht. Mit Hilfe eines Gürtels versuchen wir, Blutungen an Beinen und Armen in Richtung Körper abzubinden. Die Abbindung muß relativ kräftig sein. Zur Kontrolle beachten wir, ob das abgebundene Glied blutlos weiß wird. Nach spätestens 90 Minuten muß die Abbindung für einige Minuten gelockert werden, damit das Körperteil nicht abstirbt. Wo Abbinden nicht möglich ist, müssen wir einen starken Druckverband anlegen.

Wundverbände an Kopf und Gliedmaßen

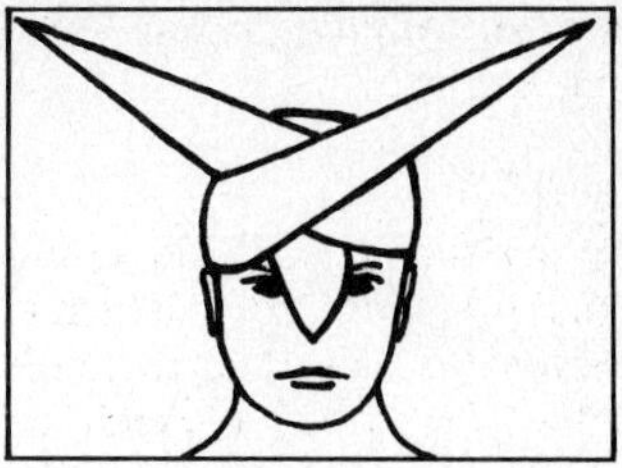

13.1 Kopfverband

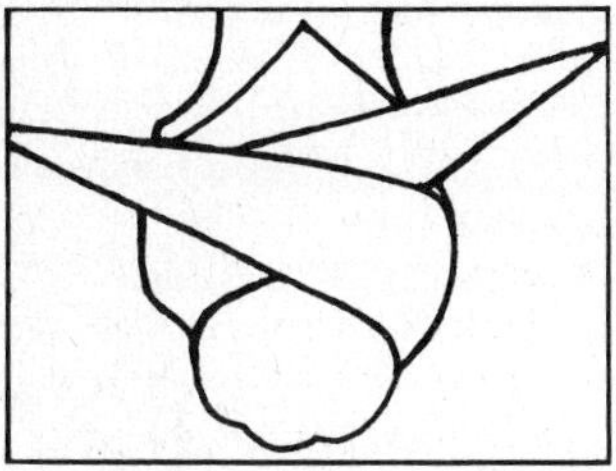

13.2 Handverband

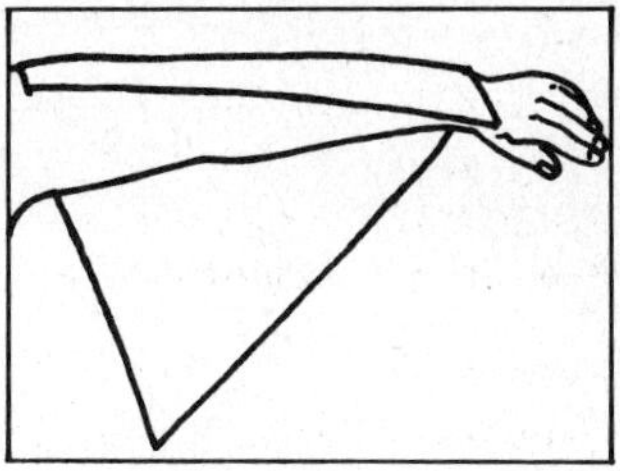

13.3 Armverband

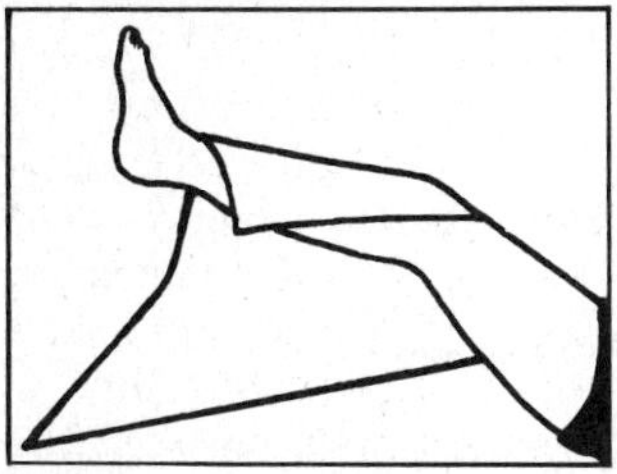

13.4 Unterschenkelverband

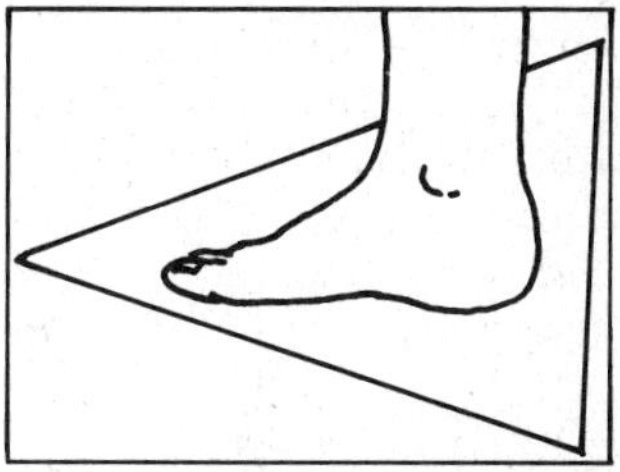

13.5 Fußverband

13.6 Vorfußverband

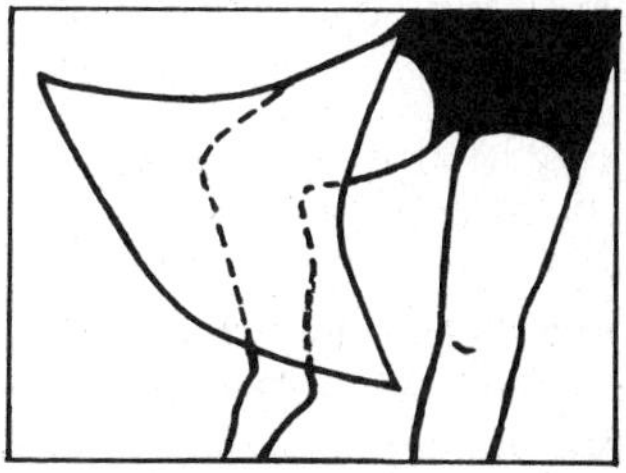

13.7 Knieverband

Anlegen von Druckverbänden und Abbinden der Wunden

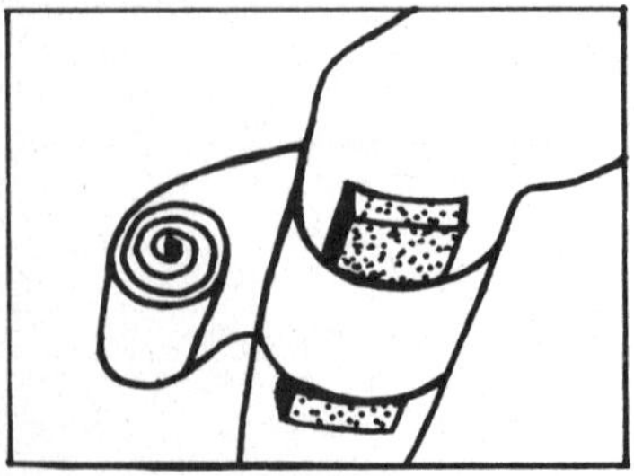

13.8 **Druckverband mit Verbandspäckchen**

- *Wir befestigen die Wundauflage mit einigen Bindegängen*
- *Wir legen das Druckpolster (Verbandspäckchen) auf den verdeckten Wundbereich*
- *Unter vermehrtem Zug wickeln wir über das Druckpolster*

13.9 **Druckverband mit Dreieckstuch**

- *Wir falten das Tuch in Krawattenart*
- *Wir legen eine Wundauflage auf und binden einmal herum*
- *Wir legen ein Druckpolster auf und wickeln mit etwas Zug. Dann verknoten wir die Enden*

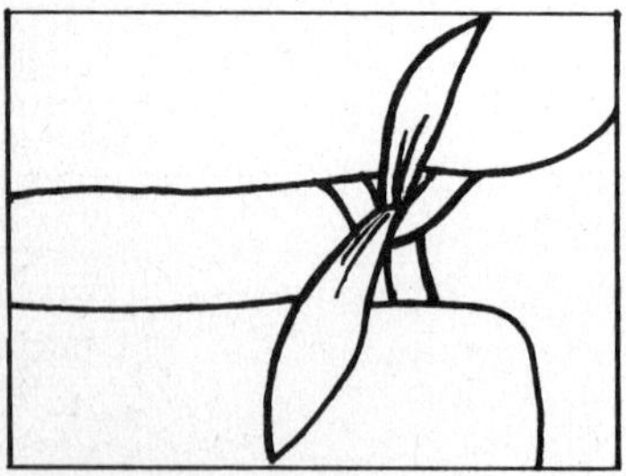

13.10 **Oberarmabbindung**

- *Wir legen die Dreieckstuchkrawatte als Schlinge um die Mitte des hochgehaltenen Oberarmes und ziehen beide Enden durch die Schlinge*
- *Mit vermehrtem Zug verknoten wir*

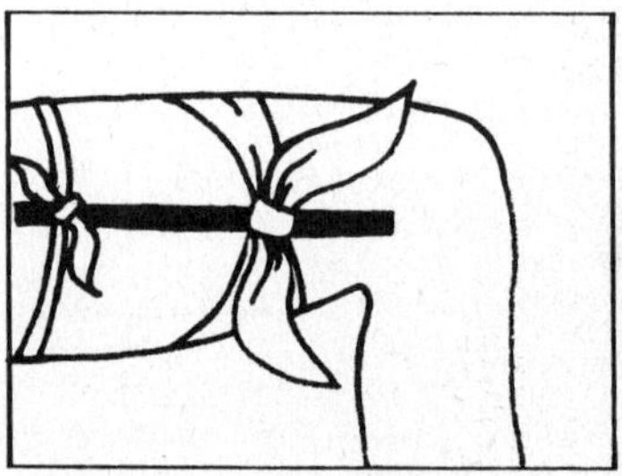

13.11 **Oberschenkelabbindung**

- *Wir knoten die Dreieckstuchkrawatte locker um den Oberschenkel und schieben einen Stock zwischen Bein und Tuch*
- *Wir drehen den Stock, bis die Blutung steht, und versuchen, ihn in dieser Position festzulegen*

Bewußtlosigkeit
Wenn der Verletzte im Gesicht blaß und grau wird, legen wir ihn bei festgestellter Atmung flach auf den Boden und öffnen die Kleider. Dann machen wir kühle Kopfumschläge und lagern die Beine hoch. Einem bewußtlosen Menschen nichts zu trinken einflößen, da Erstickungsgefahr besteht. Bei Er-

Seitenlagerung von Bewußtlosen

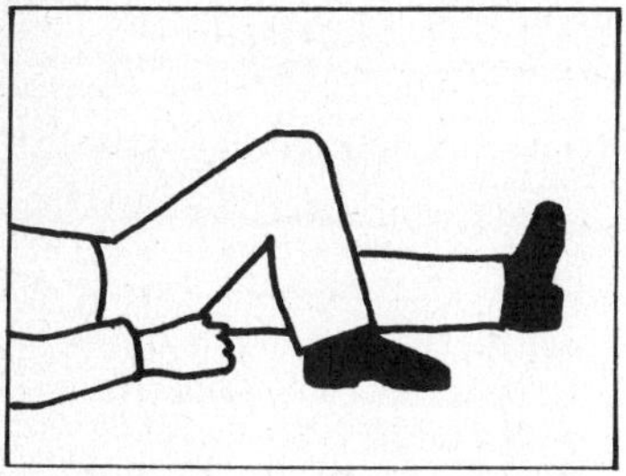

13.12 Den Bewußtlosen in Hüfthöhe etwas anheben und den nahen Arm gestreckt unter das Gesäß schieben. Den Fuß des nahen Beines stellen wir an das Gesäß

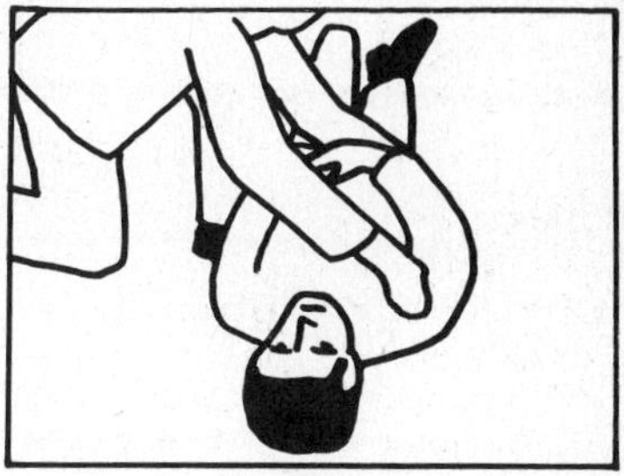

13.13 Schulter- und Hüftgegend der fernen Seite fassen und Bewußtlosen zu sich herüberziehen

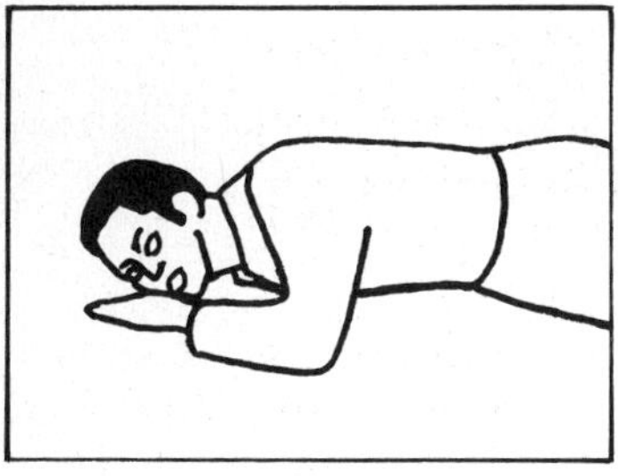

13.14 Kopf in den Nacken zurückbeugen und Gesicht erdwärts wenden. Die Finger des nahen Armes schieben wir unter die Wange

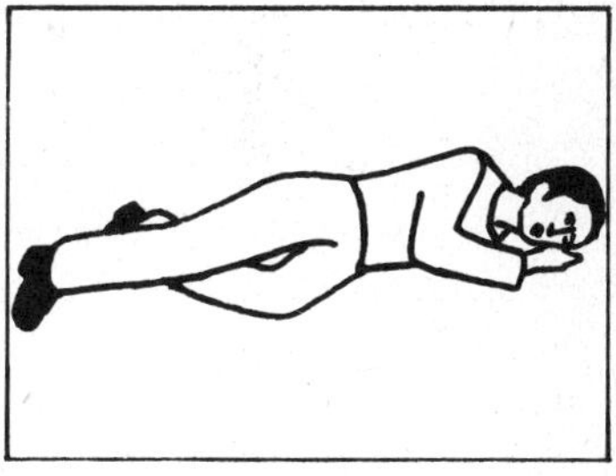

13.15 Endgültige Seitenlagerung

brechen versuchen wir, die Mundhöhle freizuhalten und dabei den Verletzten in eine stabile Seitenlagerung zu bringen.

Blutvergiftung
Blutvergiftung erkennen wir an roten Streifen, die sich von der entzündeten Stelle in Richtung Körper ziehen. Sie werden meist begleitet von schmerzhaften Schwellungen der Lymphdrüsen in der Leistengegend, der Achselregion und am Hals, oft noch begleitet von Ermattungserscheinungen. Als Hilfsmaßnahme schlagen wir den betroffenen Körperteil in einen feuchten Verband ein und spülen die Wundregion mit abgekochtem Wasser und Desinfektionsmittel. Im extremen Notfall müssen wir für Eiterabfluß sorgen, indem wir mit einem ausgekochten, scharfen Gegenstand die Entzündung öffnen.

Brandwunden
Bei ausgedehnten Brandwunden am Körperstamm verliert der Körper große Mengen von Gewebeflüssigkeit und Salzen. Diesen Flüssigkeitsverlust können wir durch Kochsalzlösung, die der Verletzte in kleinen Schlucken zu trinken bekommt, ausgleichen (einen Teelöffel Salz auf einen Liter Wasser). Bei Verbrennungen an den Gliedmaßen versuchen wir sofort, diese in kaltes Wasser einzutauchen und anschließend die Brandwunde keimfrei mit einem Brandwundenverband oder einem Brandwundenverbandstuch zu bedecken. Störende Blasen öffnen wir vorsichtig mit einem keimfreien Gegenstand, so daß der Wasserinhalt ausfließen kann.

Vergiftungen
Bei Vergiftungen versuchen wir mit allen Mitteln, eine Magenentleerung zu erreichen. Dies können wir durch Kitzeln des Rachens oder durch die Zusichnahme größerer Mengen warmen Wassers (eventuell mit Salz versetzt) erzielen.

Verstauchungen
Durch Hochlagern, Ruhe, kalte Umschläge und einen festen Verband versuchen wir, Linderung zu verschaffen.

Entzündungen
Entzündungen versuchen wir frei von drückenden Kleidungsstücken zu halten und darüber einen lockeren Verband anzulegen. Bei beginnenden Entzündungen versuchen wir, mit kalten Umschlägen und Ruhe Linderung zu schaffen. Bei zunehmenden äußeren Entzündungen legen wir sogenannte Breiumschläge aus heißer Erde, Kartoffeln oder Pflanzen an, die offen auf die Stelle aufgetragen werden. Ansonsten müssen wir die Entzündung ausreifen lassen, bis sie von alleine aufgeht und auseitert.

Unterkühlungsgefahr
Bei einem Aufenthalt im Freien müssen wir immer mit einer Änderung der Wetterverhältnisse und ei-

nem plötzlichen starken Rückgang der Temperaturen rechnen. Besonders gefährlich wird plötzliche Kälte in Verbindung mit Wind und Feuchtigkeit. Sind wir in solchen Situationen erschöpft, übermüdet und durchnäßt, dann besteht die Gefahr der Unterkühlung.

Äußere Zeichen einer Unterkühlung sind:

- heftiges Frieren,
- starkes Muskelvibrieren (Zittern),
- Versteifung der Muskeln, Koordinationsschwierigkeiten, Feinbewegungen erschwert,
- Atmung wird langsamer, Kontakt zur Umwelt geht verloren,
- Benommenheit tritt ein,
- Bewußtlosigkeit.

Wir können eine Unterkühlung im allgemeinen vermeiden, wenn wir unsere Kleidung trocken halten, Erschöpfung und Übermüdung vermeiden und regelmäßig Nahrung zu uns nehmen.

Ist dennoch eine Unterkühlung eingetreten, so sind für den Betroffenen sofort folgende Maßnahmen einzuleiten:

- Schutz vor Regen und anderen Witterungseinflüssen,
- Kleiderwechsel (nasse Kleider müssen durch trockene ersetzt werden),
- Wärmezufuhr durch Lagerfeuer oder Hautkontakt (mit dem Unterkühlten in einem Schlafsack liegen),
- Einnahme warmer Getränke (warmes Wasser). Vorsicht! In solchen Situationen keinen Alkohol zu sich nehmen. Die Auskühlung würde dadurch noch verstärkt werden,
- Verhinderung des Einschlafens.

Wir müssen bedenken, daß insbesondere bei sehr starkem Wind der Auskühleffekt groß ist. So entspricht zum Beispiel der Auskühleffekt bei einer Temperatur von Null Grad Celsius und einer Windgeschwindigkeit von 20 Stundenkilometern einer Temperatur von zehn Grad Celsius bei Windstille. Welche Bedeutung der Wind für das Temperaturempfinden des Menschen hat, zeigt diese Tabelle:

Lufttemperatur bei 0 km/h	entspricht bei 10 km/h	20 km/h	40 km/h
5°C	1°C	−3°C	−8°C
0°C	−5°C	−10°C	−15°C
−5°C	−11°C	−16°C	−22°C
−10°C	−17°C	−23°C	−30°C

Erfrierungen

Sie treten bei Temperaturen von sechs Grad Celsius und tiefer sowie bei Frost auf. Dabei sind die ungeschützten Körperstellen, zum Beispiel Zehen, Finger, Kinn, Nase und Ohren, am meisten gefährdet. Erfrorene Körperteile werden zunächst weiß und dann aschgrau und später bläulich. Durch Abreiben mit einem nassen Tuch läßt sich die Durchblutung wieder fördern. Die Temperatur soll nur schrittweise, nicht plötzlich gesteigert werden. Kein Einreiben mit Schnee, da Verletzungsgefahr besteht. Erfrorene Körperteile soll man in kaltes Wasser bringen und dann die Temperatur langsam innerhalb von 2 Stunden auf 40 Grad Celsius erwärmen. Bei Erreichen einer warmen Unterkunft heißen, eventuell mit Traubenzucker gesüßten Tee schluckweise einflößen. Bei gleichzeitiger Unterkühlung gilt es, das erfrorene Körperteil (Arm oder Bein) langsamer aufzuwärmen als den unterkühlten Körper.

Fieber

Bei Fieber verwenden wir unter Umständen die mitgeführten temperatursenkenden Arzneimittel oder heiße Getränke aus Holunder, Kamille, Lindenblüten oder Fichtennadeln, um den Erkrankten zum Schwitzen zu bringen. Ansonsten auf Ruhe achten.

Hitzschlag

Ursachen für einen Hitzschlag können feucht-schwüle, heiße Witterung sein sowie körperliche Anstrengung. Wir erkennen den Hitzschlag an hochrotem Kopf und heißer, trockener Haut sowie taumelndem Gang. Es besteht die Gefahr der Bewußtlosigkeit. Linderung verschaffen wir, indem wir den Verletzten an einen kühlen Ort bringen, die Kleidung weit öffnen und mit kaltem Wasser getränkte Tücher auflegen. Auch Luftfächeln kann hilfreich sein. Es ist auf alle Fälle für Ruhe zu sorgen.

Sonnenstich

Einen Sonnenstich erkennen wir an einem hochroten Kopf und kühler Körperhaut, starken Kopfschmerzen, Übelkeit, Erbrechen und Schwindelgefühl. Kleinkinder bekommen nach längerem Sonnenaufenthalt scheinbar grundlos hohes Fieber. Die Betroffenen müssen sofort in den Schatten gebracht und der Kopf etwas erhöht gelagert werden. Wir versuchen dann, den Kopf mit nassen Tüchern zu kühlen. Die Tücher häufig wechseln.

Knochenbrüche

Knochenbrüche sind meist die Folge von Gewalteinwirkung auf den Körper. Man unterscheidet zwischen einem offenem und einem geschlossenen Bruch. Bei einem offenem Bruch müssen wir für eine Wundbedeckung sorgen. Nach Lagekorrektur des verletzten Gliedes versuchen wir, eine haltbare Schienung anzulegen. Diese kann aus Stöcken, Ästen oder ähnlichen Hilfsmitteln erstellt werden. Sie muß eng anliegen und gut verschnürt werden. Dabei ist darauf zu achten, daß immer die Gelenke ober- und unterhalb der Bruchstelle miterfaßt werden. Kalte Umschläge helfen, die auftretenden Schmerzen zu lindern.

13.16 Schienen eines Beinbruches

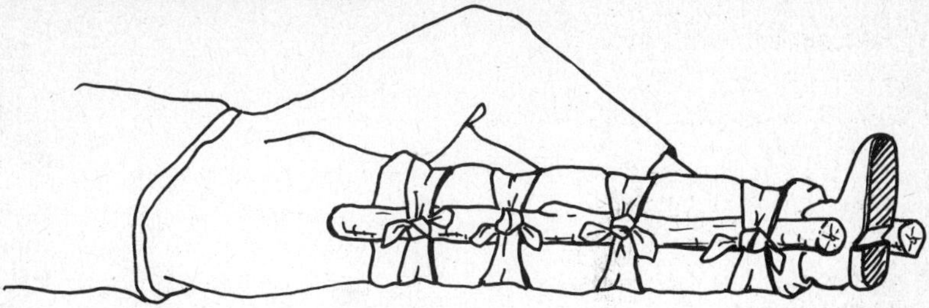

Quetschungen

Bei Quetschungen versuchen wir, in Ruhestellung das verletzte Glied hochzulegen und mit Hilfe von kalten Umschlägen Linderung zu verschaffen.

Insektenstiche und Schlangenbisse

Besonders in südlichen Ländern müssen wir mit Skorpionen, giftigen Spinnen und Schlangen rechnen. Durch Vorsorge kann man zumeist den unliebsamen Kontakt mit diesen Tieren vermeiden. Stiefel, Jakken und Pullover vor jedem Anziehen umstülpen und schütteln. Ebenso gilt für Taschen, Schlaf- und Rucksack: gelegentlich kontrollieren, ob man blinde Passagiere befördert. Wichtig ist auch das Einprägen giftiger Arten, um schnell reagieren zu können, falls etwas passiert. Begibt man sich in exotische Breiten, sollte man entsprechendes Serum in der Erste-Hilfe-Ausrüstung mitführen.

Gefährlich können ebenso wesentlich kleinere Tiere werden wie Mücken, Fliegen und Moskitos. Hier kann man sich mit Salben schützen sowie mit passender Kleidung. Wer zu allergischen Reaktionen bei *Insektenstichen,* insbesondere bei Bienenstichen, neigt, informiert sich beim Arzt über mögliche Vorsorge und Behandlung. Bei jeder Art von Stichen gilt: auf keinen Fall drücken, reiben oder kratzen. Diese Reaktionen machen häufig aus einem kleinen Stich eine gefährliche Verletzung.

Ein (giftiger) *Schlangenbiß* ist wegen der starken Wirkung des Giftes auf den Kreislauf gefährlich. Wir versuchen sofort, absolute Muskelruhe herzustellen und eine Stauung dicht herzwärts der Bißstelle, ohne Anheben von Arm oder Bein, zu erreichen. Ziel einer solchen Stauung ist es, den Rückfluß aus dem Wundbereich in den Körper zu vermindern, um dadurch eine starke Blutung der Wunde zu erzielen, die das Gift ausschwemmt. Es verbleibt dadurch im Bereich der Bißstelle und verliert an Wirkungskraft. Das bekannte Aussaugen der Bißstelle sollte, wenn möglich, unterbleiben,

Künstliche Beatmung

13.17 Zuerst versuchen wir, den Hals des Verletzten zu überstrecken

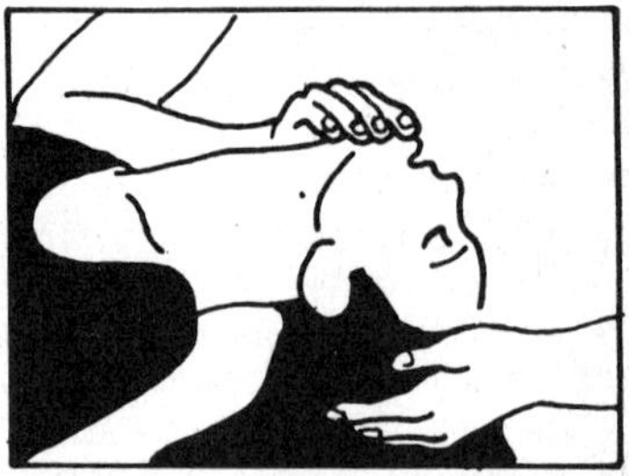

13.18 Dann schieben wir den Oberkiefer nach oben, damit der Mund geschlossen wird und die Zunge sich nach oben verlagert – somit sind die Atemwege frei

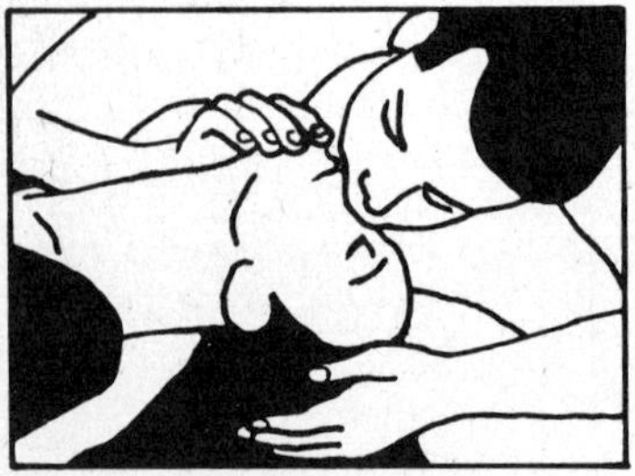

13.19 ***Mund-Nase-Beatmung***
Nach tiefem Einatmen setzen wir unseren weitgeöffneten Mund vorsichtig um die Nase des Verletzten. Die Beatmung erfolgt nun nach eigenem Rhythmus

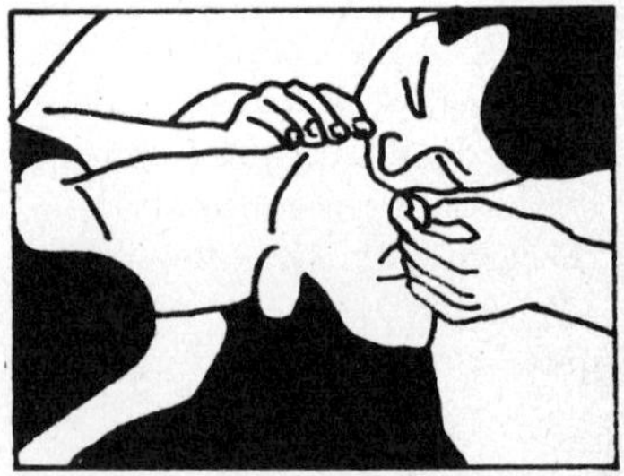

13.20 ***Mund-Mund-Beatmung***
Wir benutzen Daumen und Zeigefinger der auf Stirnhaargrenze liegenden Hand, um die Nase zu verschließen. Den Mund des Verletzten öffnen wir nur wenig und setzen unseren weitgeöffneten Mund darum

da kleine Wunden im Mund oder an den Lippen dabei sehr gefährlich sein können.

Künstliche Beatmung

Beim Feststellen eines Atemstillstandes dürfen wir keine Zeit mit unnötigen Vorbereitungen vergeuden. Es muß sofort für freie Atemwege gesorgt werden. Eventuell müssen wir Erbrochenes mit den Fingern aus der Mundhöhle räumen. Dann beginnen wir mit künstlicher Beatmung, wobei der Verletzte in Rückenlage liegt. Die Mund-Nase-Beatmung ist vorzuziehen. Ist die Nase jedoch verschlossen oder verletzt, führen wir Mund-Mund-Beatmung durch. Das Vorgehen bei künstlicher Beatmung zeigen die Abbildungen auf Seite 106.

Verletztentransport

Wird trotz aller Sofortmaßnahmen ein Abtransport des Verletzten notwendig, versuchen wir, aus Ästen

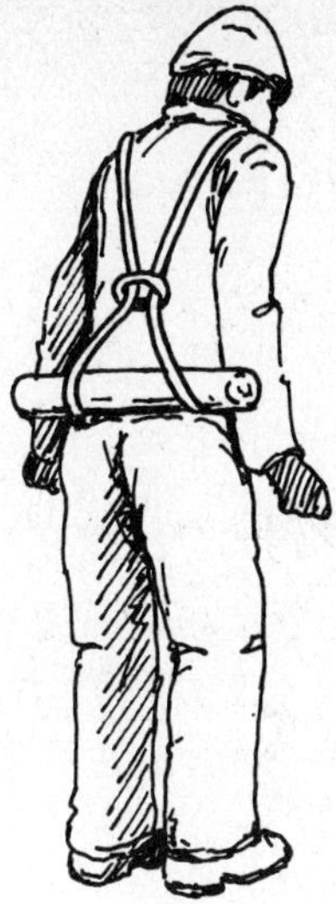

13.21 Eine einfache Behelfstrage aus einem um Brust und Rücken befestigten Seil und einem dünnen Baumstamm

13.22 Beim Transport des Verletzten mit der Trage verschränken wir die Hände des Verletzten auf unserer Brust und halten sie mit beiden Händen fest

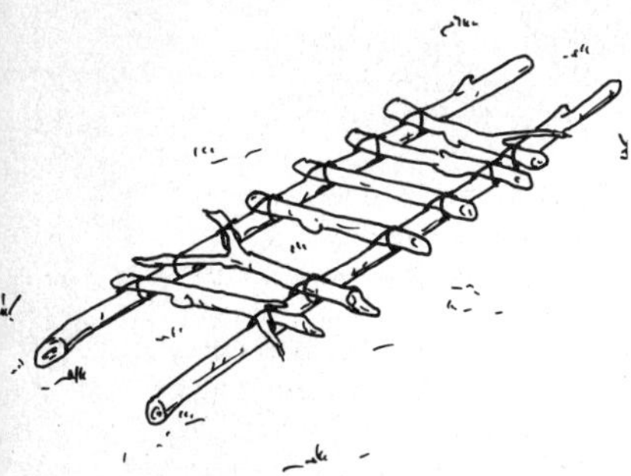

13.23 Eine Trage können wir auch nach dem Leiterprinzip erstellen

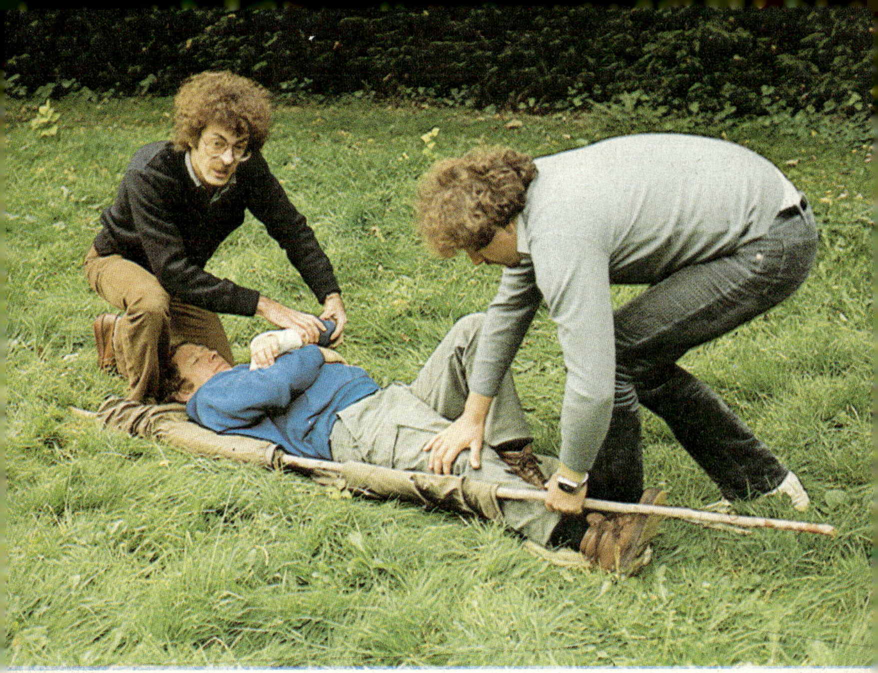

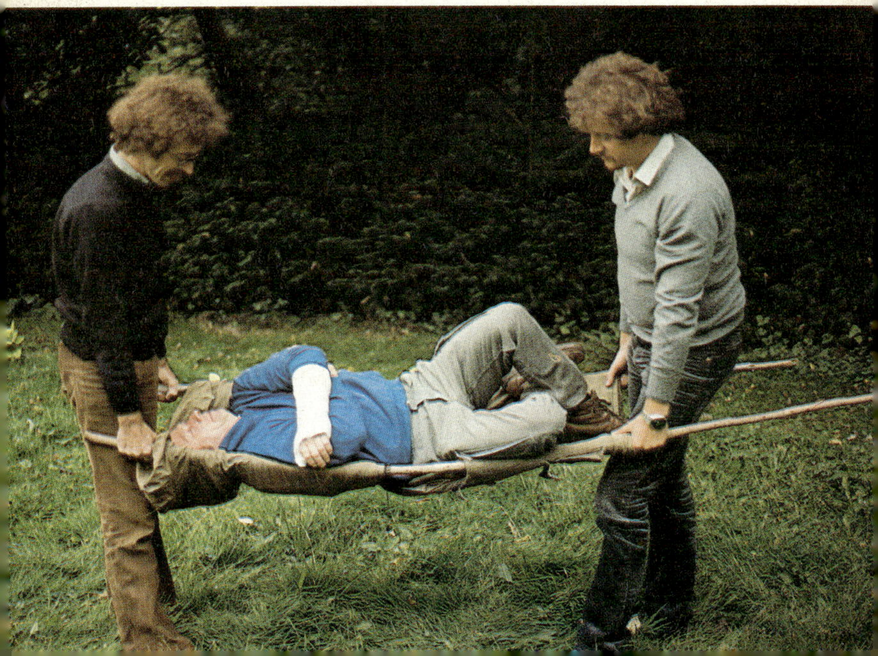

oder Stangen Behelfstragen herzustellen.
Eine Behelfstrage kann auch aus zwei Jacken oder Mänteln angefertigt werden.
Sie werden so umgekrempelt, daß die Ärmel auf der Innenseite sind. Dann knöpfen wir zu und stecken zwei starke Stangen durch die Ärmel (siehe Foto Seite 109). Selbstgemachte Tragen immer erst testen, bevor der Verletzte transportiert wird!

Vorhergehende Doppelseite:
Eine behelfsmäßige, aber stabile Trage für den Transport von Verletzten können wir auch aus starken Ästen und zwei Jacken bauen. Bevor wir aber den Verletzten darauf legen, muß die Trage auf ihre Belastbarkeit geprüft werden

14 Gesetzliche Bestimmungen über Campieren und Nahrungsbeschaffung in der freien Natur

Die gesetzlichen Bestimmungen in Deutschland zeigen uns schnell die geringe Bewegungsfreiheit auf und lassen uns wehmütig über die Grenzen hinausschauen. Sind wir schon durch die geographischen Bedingungen in der Erprobung von Überlebenstechniken stark eingeschränkt; die rechtliche Seite trägt auch nicht unbedingt zur Ermunterung bei. Schwärmende Berichte amerikanischer Survivalkursteilnehmer (von den Freuden des Angelns, der Bärenjagd oder von schmackhaftem Wild an offenem Feuer nach stundenlanger Jagd geröstet) können wir – Dank umfangreicher Rechtsvorschriften – nur in der Vorstellung nachvollziehen.

Beschränkungen

„Schon das Betreten des Waldes kann in bestimmten Teilen Deutschlands eine Rechtsverletzung darstellen", schilderte uns lächelnd ein Forstbeamter, als wir bei der Vorbereitung eines Kurses versuchten, die Gesetzesklippen optimal zu umschiffen. Tatsächlich wechseln sich in unseren Waldgebieten regionale Begrenzungszonen, Sicherheits- und Schutzgebiete so häufig ab, daß die verbleibenden Waldgebiete nur noch zum Spazierengehen genutzt werden können, vorausgesetzt, die Landschaftsschutzbehörde hat nicht noch weitere Auflagen ersonnen. Sowie zum Beispiel in Teilen Schleswig-Holsteins, wo die Erlaubnis zum Betreten des Waldes nur auf die Wege beschränkt wurde. Campieren und Zelten auf Wiesen und Feldern bedürfen der Genehmigung des Eigentümers oder Pächters. In Waldgebieten ist es ebenfalls nur mit besonderer Genehmigung, und dann auch nur auf ausgewiesenen Plätzen, möglich. Hierbei haben wir die Erfahrung gemacht, daß vieles auch nicht ganz so heiß gegessen wird, wie es der Gesetzgeber gekocht hat. Gegen einmaliges Nächtigen auf abgemähten Wiesen und abgeernteten Feldern hat selten ein Bauer Einwendungen, selbst dann nicht, wenn er dies verspätet oder ungefragt beobachtet. Voraussetzung bei solchen Unternehmungen ist natürlich Rücksichtnahme auf die Natur. Wer ganz korrekt vorgehen will, muß allerdings bei der Planung seines Trainings die Plätze vorbestimmen und sich mit Privateignern und Forstbehörde abstimmen.

Feuerstellen
Das Entfachen von Feuer oder die Benutzung von offenem Licht im Wald oder außerhalb bis zu hundert Meter Abstand bedürfen prinzipiell einer Genehmigung und sind auch dann nur an gekennzeichneten Stellen (Grillflächen) erlaubt.

Jagdgenehmigung
Aneignen von Wild zum Eigengebrauch ist in Deutschland durch ein spezielles Aneignungsrecht geregelt. Es darf nur derjenige Wild nachstellen, der berechtigt ist. Dies hat den Erwerb eines Jagdscheines und einer speziellen Gebietsberechtigung als Voraussetzung. Der Erwerb solcher Lizenzen ist allerdings – bedingt durch das deutsche Reviersystem – sehr schwierig, sehr teuer und zeitintensiv und kommt daher für unser Vorhaben nicht in Frage. Im Ausland ist dies häufiger nach einem Lizenz- oder Saisonsystem geregelt und in vielen Fällen wesentlich erreichbarer (zum Beispiel ist das Fangen von Kaninchen im Schottischen Hochland durchaus erwünscht, da damit einer Landplage Abhilfe geschaffen wird). Vorsicht: In Deutschland ist das Fallenstellen nicht erlaubt!

Fischereilizenz
Da auch das Fangen von Fischen untersagt ist bzw. durch Fischereilizenzen, die ebenfalls umfangreiches Prüfungswissen verlangen, reglementiert wird, bleibt für spontane Aktionen, die keine so umfangreiche Vorbereitung, wie Ablegen einer Angelprüfung, Abstimmung mit Gewässerpächtern oder der Forstbehörde erlauben, hier in Deutschland nur das Ausweichen auf pflanzliche Nahrung.

Pflanzen
Für Wildfrüchte, Wurzeln und Pilze schreibt das Waldgesetz vor, daß ihre Aneignung sowie das Sammeln von Streu- und Lesholz (wichtig für eventuelle Feuerstellen) erlaubt ist, aber pfleglich zu erfolgen hat und Forstkulturen und geschützte Arten dabei als solche erkannt und ausgeklammert werden müssen.

Konsequenzen

Alle diese Beschränkungen zeigen deutlich die legalen Grenzen von Überlebenstrainingskursen in Deutschland, und viele Vorhaben müssen erst in diese Raster umgesetzt werden. Wir können aber durch Vorausplanung viele Probleme umgehen und Beschränkungen entschärfen. Kontaktaufnahme mit den zuständigen Forstämtern, der Landschaftsschutzbehörde, den Privateignern usw. hat unseren Kursteilnehmern meistens noch recht viel Spielraum gelassen.
Alle Auslandsinteressenten sollten sich vor Tour-Beginn informieren, da die rechtliche Zuständigkeit auf die unterschiedlichsten Behörden verteilt ist. Erste Informationen geben die Auslandsvertretungen oder Fremdenverkehrsämter.

15 Adressen

Auslandsinformationen

Belgien
Vertretungen der Bundesrepublik Deutschland:

Botschaft:
Brüssel, Avenue de Tervueren 190, ☏ 7705830, 7705836/39, 7709996/97.

Generalkonsulate:
Antwerpen, De Keyserlei 5, ☏ 327813.
Lüttich, Avenue Rogier 7 a, Résidence Clémenceau, ☏ 235994/95.

Belgisches Fremdenverkehrsamt:
4000 Düsseldorf, Berliner Allee 47, ☏ (0211) 326008.

Bulgarien
Vertretung der Bundesrepublik Deutschland:

Botschaft:
Sofia, Ulica Henri Barbusse 5–7, ☏ 720382, 722127, Telex 22–590, Paßstelle ☏ 874696.

Bulgarische Visabüros:
5300 Bonn 2, Visabüro der Botschaft, Büchelstraße 17, ☏ (02221) 351071/72.
8000 München 19, Außenstelle der Botschaft und Visabüro, Wintrichring 85, ☏ (089) 174056/57.

Bulgarisches Fremdenverkehrsamt:
6000 Frankfurt, Kaiserstraße 59, ☏ (0611) 252712.
1000 Berlin 15, Kurfürstendamm 175, ☏ (30) 8827418.

Dänemark
Vertretungen der Bundesrepublik Deutschland:

Botschaft:
Kopenhagen-Oe, Stockholmsgade 57, ☏ (01) 261622.

Konsulat:
Apenrade, Kystvej 18, ☏ (04) 621464.

Dänisches Fremdenverkehrsamt:
2000 Hamburg 1, Glockengießerwall 2–4, ☏ (040) 327803/04.

Finnland
Vertretungen der Bundesrepublik Deutschland:

Botschaft:
Helsinki 10, Fredrikinkatu 61, ☏ 602355.

Honorarkonsulate:
Kuopio, Mariehamn, Oulu, Tampere, Turku.

Finnisches Fremdenverkehrsamt:
2000 Hamburg 13, Rothenbaumchaussee 11, ☏ (040) 441611.
8000 München 40, Franzstraße 5, ☏ (089) 332120.

Griechenland
Vertretungen der Bundesrepublik Deutschland:

Botschaft:
Athen, Odos Karaoli kai Dimitriou 3, ☏ (01) 724801/5.

Generalkonsulat:
Saloniki, Odos Karolou Diehl 4 a, ☎ (0 31) 22 49 11/12.

Honorarkonsulate:
Chania, Ioannina, Iraklion, Kerkyra, Patras, Rhodos, Samos, Volos.

Griechische Zentrale für Fremdenverkehr:
6000 Frankfurt, Neue Mainzer Straße 22, ☎ (06 11) 23 65 61/63.
8000 München 2, Pacellistraße 2, ☎ (0 89) 22 20 35.

Großbritannien

Vertretungen der Bundesrepublik Deutschland:

Botschaft:
London, 23 Belgrave Square, ☎ (01) 2 35 50 33.

Konsulate:
Edinburgh, Liverpool, Ballymena/Nordirland.

Britische Zentrale für Fremdenverkehr (BTA):
6000 Frankfurt/Main, Neue Mainzer Str. 22, ☎ (06 11) 23 64 28.

Irland

Vertretung der Bundesrepublik Deutschland:

Botschaft:
Dublin, 43 Ailesbury Road, ☎ 69 30 11.

Irische Fremdenverkehrszentrale:
6000 Frankfurt, An der Hauptwache 7–8, ☎ (06 11) 28 77 75.
4000 Düsseldorf, Berliner Allee 47, ☎ (02 11) 37 21 22.
8000 München 2, Oskar-von-Miller-Ring 36, ☎ (0 89) 28 68 01.
2000 Hamburg 36, Gerhofstraße 19–21, ☎ (0 40) 34 39 67.

Italien

Vertretungen der Bundesrepublik Deutschland:

Botschaft:
Rom, Via Po 25 c, ☎ (06) 86 03 41/5.

Generalkonsulate:
Genua, Via San Vicenzo 4/28, ☎ (0 10) 59 08 41.
Mailand, Via Solferino 40, ☎ (02) 63 21 14.
Neapel, Via Crispi 69, ☎ (0 81) 68 33 93.

Konsulat:
Palermo, Via Quintino Sella 77, ☎ (0 91) 32 90 13.

Staatliches Italienisches Fremdenverkehrsamt (ENIT):
6000 Frankfurt, Kaiserstraße 65, ☎ (06 11) 23 12 13.
8000 München 2, Goethestraße 20, ☎ (0 89) 53 03 69.
4000 Düsseldorf, Berliner Allee 26, ☎ (02 11) 37 70 35.

Jugoslawien

Vertretungen der Bundesrepublik Deutschland:

Botschaft:
Belgrad, Ulica Kneza Miloša 74–76, ☎ (0 11) 64 57 55.

Generalkonsulat:
41 000Zagreb, Proleterskih Brigada 64, ☎ (0 41) 51 92 00, 51 74 21.

Jugoslawisches Fremdenverkehrsamt:
6000 Frankfurt, Goetheplatz 7, ☎ (06 11) 28 56 25, 28 51 63.
4000 Düsseldorf, Hüttenstraße 6, ☎ (02 11) 37 06 75.
8000 München 2, Sonnenstraße 14, ☎ (0 89) 59 55 45/46.

Luxemburg

Vertretung der Bundesrepublik Deutschland:

Botschaft:
Luxembourg, 20–22 Avenue Emile Reuter, ☏ 26791/92.

Luxemburgisches Fremdenverkehrsamt:
c/o Droste-Reisebüro, 4000 Düsseldorf 1, Königsallee 30, Kö-Center, Postfach 2509, ☏ (0211) 320121.

Niederlande

Vertretungen der Bundesrepublik Deutschland:

Botschaft:
Den Haag, Groot Hertoginnelaan 18–20, ☏ (070) 469206.

Generalkonsulate:
Amsterdam, de Lairessestraat 172, ☏ (020) 736245.
Rotterdam, Parklaan 36, ☏ (010) 365133.

Niederländische Fremdenverkehrszentrale:
1000 Berlin 12, Schlüterstraße 39, ☏ (030) 8817822.
5000 Köln 1, Schildergasse 84, ☏ (0221) 236262.

Norwegen

Vertretungen der Bundesrepublik Deutschland:

Botschaft:
Oslo, Oscarsgate 45, ☏ (02) 563290.

Konsulat:
Bergen, Slottsgaten 3, ☏ (05) 219984/85.

Norwegisches Fremdenverkehrsamt:
2000 Hamburg 1, Glockengießerwall 26, ☏ (040) 327651.

Österreich

Vertretungen der Bundesrepublik Deutschland:

Botschaft:
Wien, Metternichgasse 3, ☏ (0222) 736511–18.

Generalkonsulate:
Graz, Innsbruck, Salzburg.

Honorarkonsulate:
Bregenz, Linz, Klagenfurt.

Österreichisches Fremdenverkehrsamt:
1000 Berlin 30, Tauentzienstraße 16, ☏ (030) 248035, 241012.
6000 Frankfurt, Roßmarkt 12, ☏ (0611) 283181, 285216.
2000 Hamburg 13, Tesdorpfstraße 19, ☏ (040) 4102013.
5000 Köln, Am Dom, Komödienstraße 1, ☏ (0221) 215293, 233236/37.
8000 München 2, Rosental 21, ☏ (089) 2607035.

Polen

Vertretungen der Bundesrepublik Deutschland:

Botschaft:
Warschau, ul. Dabrowiecká 30, ☏ 173012, 177813,
Paßstelle, ☏ 176065/67.

Polnische Fremdenverkehrsvertretungen und Visabüros:
Polorbis Reiseunternehmen, 5000 Köln 1, Hohenzollernring 99–101, ☏ (0221) 520025, Telex 8883489.
Reisebüro Darpol, 1000 Berlin 33, Lassenstraße 10, ☏ (030) 8258119.

Rumänien

Vertretungen der Bundesrepublik Deutschland:

Botschaft:
Bukarest, Strada Rabat 21, ☏ 792580, 792780.

Rumänische Vertretungen:
5000 Köln 51, Visabüro der Botschaft, Oberländer Ufer 68, ☏ (0221) 383222.
1000 Berlin 38, Generalkonsulat, Matterhornstraße 79, ☏ (030) 8033019.

Rumänisches Touristenamt:
6000 Frankfurt, Neue Mainzer Straße 1, ☏ (0611) 236941.
4000 Düsseldorf, Corneliusstraße 16, ☏ (0211) 371047.

Schweden

Vertretungen der Bundesrepublik Deutschland:

Botschaft:
Stockholm, Skarpögatan 9, ☏ 631380.

Generalkonsulate:
Göteborg, Drottninggatan 63, ☏ 178365.
Malmö, Studentgatan 6, ☏ 35560/61.

Touristik-Information Schweden:
2000 Hamburg 1, Glockengießerwall 2–4, ☏ (040) 330185/87.

Schweiz

Vertretungen der Bundesrepublik Deutschland:

Botschaft:
Bern, Willadingweg 83, ☏ 440831/36.

Generalkonsulate:
Basel, Steinenring 40, ☏ 398015.
Genf, 28C, Chemin de Petit-Saconnex, ☏ 335000.
Zürich 1, Kirchgasse 48, ☏ 326936/38.

Konsulat:
Lugano, Via Ariosto 1, ☏ 27682.

Schweizer Fremdenverkehrsbüro:
6000 Frankfurt, Kaiserstraße 23, ☏ (0611) 236061.
4000 Düsseldorf, Graf-Adolf-Straße 100, ☏ (0211) 364322.
2000 Hamburg 1, Speersort 8, ☏ (040) 337072.

Spanien

Vertretungen der Bundesrepublik Deutschland:

Botschaft:
Madrid 4, Calle Fortuny 8, ☏ (91) 4199100.

Generalkonsulate:
Barcelona und Bilbao, Außenstellen in Las Palmas, Palma di Mallorca und Santa Cruz de Tenerife.

Spanisches Fremdenverkehrsamt:
6000 Frankfurt, Bethmannstraße 50–54, ☏ (0611) 285760, 287320.
4000 Düsseldorf, Graf-Adolf-Straße 81, ☏ (0211) 370467.
8000 München 2, Oberanger 6, ☏ (089) 267584.
2000 Hamburg 1, Ferdinandstraße 64–68, ☏ (040) 330787, 330884.

Tschechoslowakei

Vertretungen der Bundesrepublik Deutschland:

Botschaft:
Prag 1, Malá Strana, Vlašská 19, ☏ 532351/57.

Visabüros:
5000 Köln 51, Visabüro der Botschaft, Germanicusstraße 6, ☏ (0221) 373263, 373843.